国立大学法人
兵庫教育大学教育実践学叢書 3

特別支援教育における地域のトップリーダーを考える

人材像をふまえた育成プログラム開発に向けて

宇野 宏幸◎編

兵庫教育大学
特別支援教育モデル研究開発室◎著

はじめに

　兵庫教育大学の大学院特別支援教育コーディネーターコースが開設されて、10年が経過した。コースがスタートしたのは、障害児教育から特別支援教育への大きな転換がおこなわれる1年前の2006（平成18）年度のことであった。その当時、特別支援教育コーディネーター（以下、コーディネーター）は、特別支援教育を校内や地域で推進するキーパーソンとして熱烈に期待されていた（今でも、そうであるが）。コースでは、地域の教育委員会と連携して学校実習を実施するなどして、実地経験に裏づけされた専門性の高いコーディネーターの育成に取り組んできた。自分の専門が発達障害ということもあって、「通常の学級」における発達障害のある子どもへの支援や配慮が認識されたことには、感慨深いものがあった。

　しかしながら、学校や地域で一朝一夕にこれらの子どもへの理解が深まっていった、というわけではなかったように思う。「最近になって、変わってきたかな」という手応えを感じているというのが正直なところである。教師の意識が変化し、学校現場での体制が充実するには、10年ほどの時間がいるのかもしれない。この10年間、コース院生の取り組みを通して感じていたのは、単に連携・協働を図っていこうとするだけでは、学校が主体的に、当事者として特別支援教育を進めていくことにはつながり難いということであった。これが、地域や学校における特別支援教育のビジョンを描いて、人を動かしていくリーダーシップを発揮する人材が不可欠であるとの確信を抱いた理由でもある。

　2013（平成25）年度に、文部科学省からの特別経費によるプロジェクト「特別支援教育スーパーバイザー（仮称）の育成プログラムの開発」が採択されて、その実施母体として、特別支援教育モデル研究開発室（以下、モデル研究開発室）が設置されることになった。このプロジェ

クトでは、まず、地域における特別支援教育の推進にあたって、学校体制や人づくりの現状を見据えることで、その課題を明確にしようとしてきた。そして、これらの課題を解決していくためには、地域支援のデザインを描く中核的人材が必要なことが見えてきた。さらに、その人材像と役割を探ることが、モデル研究開発室のミッションとして位置づけられることになった。

　また、プロジェクトをきっかけにモデル研究開発室やコースのスタッフとマネジメント、リーダーシップや研修方法の勉強を始めることになった。実際は、この範疇にとどまらない形で現代社会における学校教育や特別支援教育について考えることにもなった。プロジェクトテーマが「特別支援教育スーパーバイザー（仮称）の育成プログラムの開発」であったので、当初は中学校区を担当するミドルリーダーというイメージもあった。しかし、モデル研究開発室内で検討を重ねていくうちに、特別支援教育における地域のトップリーダーという位置づけで考えた方が創造的だろうと思えるようになった。教職キャリアを「初任　→　ミドルリーダー　→　トップリーダー」と単純化した時に、地域支援や地域の学校づくりに貢献するトップリーダーが必要と考えたのである。

　コースを担当してきた経験とプロジェクトに関わって、あらためて気づいたことは、「なんと学校にはリーダーが足りない！！」ということだった。もう少しリーダーシップを発揮する先生がいたら、特別支援教育はもっともっと進展するのでは、と考えるところがあった。最近モデル研究開発室内でようやく、スーパーバイザー（仮称）の名称から「仮称」を外して、地域支援の戦略立案と実行を担うトップリーダー名として「特別支援教育地域アドバンスリーダー（以下、アドバンスリーダー）」を正式に採用する合意が出来た。アドバンスリーダーには、推進する役割を持つ人、前へ向かっていく人という意味を込めてある。

　とにかく現代は、変化の激しい時代である。後世の歴史家が、明治維新、第二次世界大戦と並ぶ歴史の区切りとして「ポストバブル」の時代

を考察するかもしれない。リーダーシップに関する勉強を始めてみて、よく見かける言葉が「ポストモダン」だった。明治維新によって我が国に近代が訪れ、その後の社会的価値観が変容していく只中にいるわけであるが、ポストバブルの時代を迎えて、その有様が劇的に変わったように思える。学校教育も、まさにこの渦中にあるだろう。近代の学校制度を作ったのはオーストリアの女帝マリア・テレジアであったとも言われるが、あわせて近代的な軍隊制度を創設したのも彼女であった。近代における学校教育の特徴には、均一で良質な労働力を工業化社会に供給するという一面があったように思える。

　ところが、ポストバブルの現代社会では、大量生産のビジネスモデルはもはや通用せず、非正規雇用者の割合は40％を超え、産業構造でもサービス業などの第二次産業が大きな割合を占めるようになった。あわせて、価値観の多様化、グローバリゼーションへの対応、ICTの躍進、共同体の喪失など新たな課題が頭をもたげている。近代以降これまでは、国が示すトップダウン的な政策のもと一丸となって突き進んで行けば良かったとも言えるが、今後様々な局面で不確実性が増大することは間違いない。社会的に考えて、これまではリーダー不在でも困らなかった、というより求めてこなかったところがある。しかし、ポストバブル以降は、ビジョンを持ったリーダーの存在は不可欠であると言わざるをえない。この状況は、学校もまた同じであろう。かつて、あまねく全国に教育を行き渡らせるという目的で設計されたシステムが、社会や子どもが変化しているという現実に柔軟に対応するのは難しく、対症療法の積み重ねになってはいないだろうか。

　さて、話を特別支援教育に戻そう。モデル研究開発室での取り組みでは、今後の学校教育の10年を見据えて、地域で必要とされるリーダー像について検討してきた。特別支援教育の領域で言えば、発達障害支援のさらなる充実とインクルーシブ教育の展開である。現段階で、我が国のインクルーシブ教育がどのように展開されていくのか、そのイメージは

描ききれていないが、「障害のある子どもの教育」という立場から、「すべての子どもの学び方を尊重する教育」という認識を獲得できないといけないだろう。学校教育全体も、今後10年のうちに21世紀型スキルやOECDのキー・コンピテンシーの考えを取り入れた姿に変化していくはずである。すでに、アクティブ・ラーニングの学習指導要領への本格導入が予定されている。とすれば、インクルーシブ教育も必然的に21世紀タイプの学校教育を見据えて創っていくことになる。

本書のねらいは、特別支援教育の今後の動向をふまえながら（第1章）、地域支援における現状と課題について、1）学校における協働、2）地域支援の戦略と実践、3）教職キャリア形成と人材づくりの側面から検証して（第2章）、地域リーダーの人材像とその役割を明らかにし（第3章）、育成プログラムの試案を提示することにある（第4章）。本書で提案するアドバンスリーダーは、地域支援のビジョンを持ち、実際に支援体制のデザインを描いていく人である。状況を見立て、問題を同定して解決法を考えていくことになる。あわせて、戦略性を持つことと地域全体を俯瞰する右脳型思考をすることが大切となる。

第1章では、現在先導的な取り組みとして実施されている「インクルーシブ教育システム構築」事業などを始めとした特別支援教育の動向や、免許制度の現状を含めた特別支援教育における人材育成について述べられている。さらに、地域支援をデザインするという新しい手法の可能性とイノベーションの必要性をふまえて、特別支援学校の先進的なセンター的機能に見られる可能性が紹介される。特別支援教育は、まさに激動の時代を迎えつつある。特別支援学校自体も、総合化や地域支援センター化の動きのなかで変化しつつあり、多様な学びの場の一つとしての役割も果たそうとしている。また、地域支援の充実にあたって必要な人材を、地域で育て活躍してもらう"地育地活"の充実もさらに求められていくに違いない。

第2章の内容は、モデル研究開発室が取り組んできた実践的研究をま

とめたもので、①通常学級における今日的な学びの方法についてイギリスのインクルーシブ教育からどう学ぶか、②通常学級という文脈へのコンサルテーションの本質的課題は何か、③センター的機能に代わる発達支援室モデルとは、④特別支援学校支援部コーディネーターを主な対象とした「部長研修」の成果と課題は、⑤継続的専門性開発（CPD）がなぜ今求められるのか、などについての研究報告を掲載している。イギリスは、日本のように「国立」の教員養成大学が整備されているわけでも、教師の給料が高いわけでもないが、教職キャリア教育の領域では、はるかに先進的と言えるところが面白い。学校の独立性が高く、インクルーシブ教育の展開にも地域性が強く、多様性がある。兵庫県立特別支援教育センターと共同で実施した「部長研修」は、モデル研究開発室の中核事業と言えるほどの存在で、この場で実際にプログラムを試行できるメリットはとても大きかった。全国の教育センターが自ら研修内容を企画して、実施し、さらにその効果を検証できるような状況になることを望みたい。

　第3章では、地域支援を取り巻く動向や現状・課題をできる限りふまえて地域リーダー像の探求をおこなっている。なぜリーダーが必要とされるのか、その人材に発揮が求められるリーダーシップとはどういうものかについて述べ、その役割をパターン・ランゲージの考え方に基づいて整理する。暫定版ではあるが、新しいタイプの「リーダーシップ」を中核に「学びのデザイン」「コミュニケーション」の力量を形成して「地域と共生」を考えるアドバンスリーダーモデルを提示している。リーダーシップは、自立したフォロアーが活躍できるよう環境づくりをする「サーバント型」を重視している。学びのデザインでは、学び続ける教師を育てるための自己調整学習、経験学習をふまえ、集団知の形成を目指すワークショップ型研修のあり方について検討している。コミュニケーションにおいては、共感から対話へ、対話から学び合いへ進展するよう、リフレーミングすることや質問力の形成について述べ、共生社会を見据

えたインクルーシブ教育について、どのようにビジョンを持ち地域支援プランをデザインしていくか、について述べる。

最後の第4章においては、建築家のクリストファー・アレグザンダーが提唱した知識記述の方法であるパターン・ランゲージによって、地域支援に関わる「状況－問題－解決」の関連性を記述する。そして、アドバンスリーダーの「基本力量モデル」を作成し、さらにこれをコンピテンシーモデルへ発展させる（図1）。コンピテンシーモデルでは、動機づけを考慮するほか、実践知と理論知の統合、必要とされる基本スキルの提供、コンピテンシーが実際に発揮されるための認知・思考様式を尊重した研修内容を検討している。このコンピテンシーモデルと対応させる形でワークショップ中心の研修パッケージを組み立てる。さらに、研

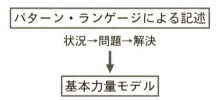

図1　「特別支援教育地域アドバンスリーダー」育成プログラムの開発プロセス

修パッケージを組み込んだ育成プログラムの3つの実施形態「単独型」「継続型」「大学院型」を提案して、その特徴について述べる。

また、モデル研究開発室で開発してきた次世代型研修方法パッケージ「経験学習」「ワールド・カフェ」「演劇づくりワークショップ」「目標マップ」を紹介する。いずれも、部長研修や公開講座などで実施され、効果の検証が重ねられている。

実施形態の特徴としては、継続型では戦略プランの実行と修正、経験学習が組み込まれ、これに加えて大学院型では実践知の創造を目指した派遣元教育委員会との協働が提案されている。さらに、チームビルディングで発揮されるリーダーシップ・コンピテンシーを取り上げて、形成評価の観点から部長研修におけるスキルとマインドの育成効果について検証をおこなっている。

兵庫教育大学
特別支援教育モデル研究開発室長
宇野 宏幸

目　次

はじめに

第1章　特別支援教育と地域協働 ── 11
第1節　インクルーシブ教育システム構築に向けた我が国の動向について
1．「共に学ぶこと」と「十分な教育」 …………… 13
2．近年の国の動き 〜インクルーシブ教育システム構築のための特別支援教育の推進〜 ……………… 15
3．インクルーシブ教育システム構築に向けて ……………… 20

第2節　特別支援教育と地域デザイン
1．地域を基盤とした特別支援教育へ ……………… 25
2．特別支援教育における地域とは ……………… 26
3．特別支援教育における「地域デザイン」 ……………… 29
4．特別支援教育のセンター的機能にみる「地域デザイン」 … 32
5．今後に向けて ……………… 34

第3節　特別支援教育における人材育成の動向と課題
1．特別支援教育担当者に必要とされる専門性 ……………… 36
2．教師養成段階における専門性獲得 ……………… 40
3．現職教師に対する専門性向上の取組み ……………… 42
4．人材育成に関する課題 ……………… 44

第2章　地域支援における新たな方向性 ── 47
第1節　学校における協働
1．学校現場におけるコンサルテーションの必要性 ……… 49
2．通常の学級の授業づくり ……………… 61
3．イギリスにおける特別支援教育から学ぶこと −1− …… 78
4．イギリスにおける特別支援教育から学ぶこと −2− …… 84

第2節　地域支援の戦略と実践
　　1．シンガポールの障害者施策から学ぶこと ……………… 91
　　2．発達支援室を核とした支援体制構築の試みから ……… 96
第3節　教職キャリア形成と人材づくり
　　1．兵庫県立特別支援教育センターとの
　　　　共同研究「部長研修」……………………………………… 112
　　2．教師の専門性と継続的専門性開発（CPD）…………… 131

第3章　地域リーダーの必要性・人材像と育成プログラム ── 143
第1節　なぜ特別支援教育においてリーダーシップが
　　　　必要とされるのか
　　1．地域における課題 ………………………………………… 147
　　2．リーダーシップの本質 …………………………………… 149
第2節　パターン・ランゲージによる「特別支援教育地域
　　　　アドバンスリーダー」の人材像と役割に関する記述
第3節　「アドバンスリーダー」に関する力量モデル
　　1．基本モデルの考え方 ……………………………………… 154
　　2．リーダーシップ …………………………………………… 156
　　3．学びのデザイン …………………………………………… 160
　　4．コミュニケーション ……………………………………… 162
　　5．地域と共生 ………………………………………………… 165
第4節　研修パッケージと育成プログラムの考え方
　　1．パターン・ランゲージからコンピテンシーへ ………… 168
　　2．コンピテンシーと対応した研修パッケージ内容 ……… 168
　　3．学びの動機づけを考慮した研修デザイン ……………… 171
　　4．研修パッケージ・育成プログラムデザインの考え方 … 173
　　5．ワークショップを核とした研修パッケージ …………… 175
　　6．研修パッケージの構成例「アイデアを引き出す」……… 178
第5節　育成プログラムの類型化

第4章 「アドバンスリーダー」育成プログラムの
　　　　開発と評価 ──────────── 189
　第1節　研修方法のパッケージ
　　　1．経験学習 ……………………………………… 192
　　　2．対話型ワークショップ
　　　　　－「喫茶ちこ」「暗闇のちこ」の開発－ ………… 197
　　　3．演劇づくりワークショップ　……………………… 207
　　　4．目標マップ ……………………………………… 224
　第2節　育成プログラムの形成評価
　　　1．評価の目的 ……………………………………… 239
　　　2．学習効果の評価 ………………………………… 240
　　　3．受講者アンケート ……………………………… 248
　　　4．受講者にとっての形成評価の意味……………… 250

おわりに

執筆者一覧

第1章

特別支援教育と地域協働

はじめに

　新たな時代が始まりつつあると思う。そして、そのことに早く気づかなければいけないと思う。これが、本章を読んで、読者に感じていただきたいことである。

　これまで、「地方」「地域」は「中央」に対するいわば従属的な立場として捉えられてきたのではないだろうか。特別支援教育の分野においても事情は同じである。しかし、国は次第に手を放し、大綱は策定するものの、具体的な実施やその方針については地域で自律的に考えていくという方針に転換しつつある。本章のテーマは「特別支援教育と地域協働」である。3節から構成されるが、いずれにも通底するのは、「地域」の主体性が強く問われるということである。

　第1節では、「インクルーシブ教育システム構築に向けた我が国の動向について」というテーマで、国の施策を把握しながら、国、自治体、学校において今後取り組むべき事柄について、整理されている。

　第2節では、「特別支援教育と地域デザイン」というテーマで、特別支援教育において「地域」がどのように捉えられているのか、そして「地域デザイン」に学びながら、現在の特別支援学校の特別支援教育コーディネーター（以下、コーディネーター）のどのような取組みが地域デザインにつながるのかについて検討されている。

　第3節では、「特別支援教育における人材育成の動向と課題」というテーマで、特別支援教育に関する人材育成の「現在の取組み」、そして「今後実施が求められること」が端的に示されている。

　特別支援教育に携わる人々が、今後のインクルーシブ教育を見据えながら、地域のことを地域で主体的に考えられる組織と人々をいかに育てていくのかを考える契機になれば幸いである。

（石橋　由紀子）

第1節　インクルーシブ教育システム構築に向けた我が国の動向について

1．「共に学ぶこと」と「十分な教育」

　2014（平成26）年1月、我が国は「障害者の権利に関する条約」（以下、条約）を批准した。この条約においては、インクルーシブ教育システム（inclusive education system）の構築が求められており、これに先立つ2007（平成19）年4月の「特殊教育」の制度から「特別支援教育」の制度へ移行した際の課題に加え、可能な限り「共に学ぶこと」が強く求められることとなった。現在、国、地方、各学校においては、特別支援教育の理念である「幼児児童生徒一人一人の教育的ニーズを把握し、その持てる力を高め、生活や学習上の困難を改善又は克服するため、適切な指導及び必要な支援を行う」ための体制整備を進めるとともに、障害のある子どもとない子どもが可能な限り「共に学ぶこと」ができるよう、インクルーシブ教育システムの構築に取り組んでいるところである。

　条約の批准に当たっては、就学手続きの仕組みの見直しが必要であったが、特別支援教育の制度への移行の段階においては、この課題に関する国の方針は決まっていなかった。特別支援教育の制度への移行は、中央教育審議会答申「特別支援教育を推進するための制度の在り方について（答申）」（2005〈平成17〉年12月）に基づき、学校教育法の改正により実施された。この答申では、障害のある児童生徒の就学の在り方については、「引き続き検討し、必要な見直しを行うことが適当である。」とされるにとどまった。そこで、特別支援教育制度化後、条約批准に向けての最初の大きな課題が、この就学先決定の仕組みの見直しとなった。

　就学先決定の仕組みについては、養護学校教育義務制実施前後から、共に学ぶことを主張する統合教育の運動団体と、単に学ぶ場を同じにする統合教育では「十分な教育」は難しいとして、盲学校、聾学校又は養

護学校への適正就学を主張する文部省（当時）との間で、長年の対立があった。1979（昭和54）年4月の養護学校教育義務制実施に際しては、分離教育につながると主張する運動団体が、文部省の庁舎を取り囲み抗議活動をおこなったこともあった。また、地域によっては、就学先の決定を巡り訴訟にまでなったこともあった。その後、障害の重い子どもも小中学校に在籍している実態については、2002（平成14）年の「認定就学」の制度改正により、法的な整合性が担保されたが、認定就学についても、あくまで、「一定の障害のある子供は、原則、特別支援学校に就学する」という仕組みであり、障害による異別取扱を禁じた、条約の趣旨に反するということで、条約批准に当たって見直しが求められた。

批准に当たっての課題は、「共に学ぶこと」というインクルーシブ教育システムの趣旨と、子どもたちに「十分な教育」を保証するという、一見、両立は難しいと思われるこの2つの課題を、制度としてどう調整するかということであった。

「十分な教育」をおこなうということについては、教育基本法第4条第2項および障害者基本法第16条第1項でうたわれているように、学習指導要領における指導内容等の基準性に幅のある特別支援教育にとって、重要な課題である。単に、学ぶ場を同じにすればよいということにはならないのである。

この課題について、2012（平成24）年の中央教育審議会初等中等教育分科会報告「共生社会の形成に向けたインクルーシブ教育システム構築のための特別支援教育の推進（報告）」（以下、中教審報告）は、この長年対立して来た二つの課題に対し、現実に即し調整するという方向性を示した。そこでは「総合的判断による就学先の決定の仕組み」が提示され、特別支援学校、特別支援学級も含め、連続性ある柔軟なシステムとして、インクルーシブ教育システムを構築していくこととされた。この報告に基づいて、学校教育法施行規則の一部改正（2013〈平成25〉年）により「総合的判断による就学先決定の仕組み」が実施された。

現在、各地域においては、インクルーシブ教育システムの構築に向けた取組みを進めている。しかし、長年の課題である「共に学ぶこと」と「十分な教育」を調和的に実現するには、まだまだ多くの課題がある。自治体の中には、首長がインクルーシブ教育の推進を提唱し、自治体を挙げて取り組んでいるところもあるし、特別支援学校も、そのセンター的機能に基づく地域支援により、小中学校との連携を図る取組みを積極的に進めているところもある。しかし、多くは専門性や人的資源が十分担保されていない中で試行錯誤の状況である。

　このような状況の中で、地域におけるインクルーシブ教育システム構築の推進役として、兵庫教育大学特別支援教育モデル研究開発室（以下、モデル研究開発室）で研究を進めている専門性の高い「特別支援教育スーパーバイザー（仮称）」のような人材が強く求められているのである。

2．近年の国の動き ～インクルーシブ教育システム構築のための特別支援教育の推進～

(1) 障害者の権利に関する条約の批准

　条約は、2006（平成18）年12月に国連総会で採択され、2007（平成19）年9月に日本国として署名し、賛同の意を表した。以来、2014（平成26）年の批准までに6年半を要した。この間、政府は、条約と国内法との法的整合性を整理するために、様々な障害者制度改革をおこなった。

　この条約の批准に向けた一連の障害者制度改革において、2011（平成23）年8月には「障害者基本法」が改正され、教育についても中央教育審議会を中心に検討がなされ、現在、共生社会の形成に向けたインクルーシブ教育システム構築のための特別支援教育の推進の取組みが進められている。

　条約によると、インクルーシブ教育システムとは、人間の多様性の尊重等を強化し、障害者が精神的および身体的な能力等を可能な最大限度

まで発達させ、自由な社会に効果的に参加することを可能とするとの目的の下、障害のある者と障害のない者が共に学ぶ仕組みである、とされている。

教育については第24条に規定されており、障害者を包容するあらゆる段階の教育制度および生涯学習を確保すること、障害者が障害に基づいて一般的な教育制度（general education system）から排除されないことおよび障害のある子どもが障害に基づいて無償のかつ義務的な初等教育からまたは中等教育から排除されないこと、障害者が、他の者との平等を基礎として、自己の生活する地域社会において、障害者を包容し、質が高く、かつ、無償の初等教育を享受することができることおよび中等教育を享受することができること、個人に必要とされる「合理的配慮」（reasonable accommodation）が提供されることなどが規定されている。

(2) 中央教育審議会初等中等教育分科会報告

条約の批准に向けて、教育については中央教育審議会において検討がなされ、2012（平成24）年7月、同審議会初等中等教育分科会報告として中教審報告がまとめられた。

この中教審報告には、現時点における我が国のインクルーシブ教育システム構築についての考え方、取組みの方向性が示されている。

まず、共生社会については、誰もが相互に人格と個性を尊重し支え合い、人々の多様な在り方を相互に認め合える全員参加型の社会であるとされ、インクルーシブ教育システムについては、同じ場で「共に学ぶこと」を追及するとともに、個別の教育的ニーズのある幼児児童生徒に対して、自立と社会参加を見据えて、その時点で教育的ニーズに最も的確に応える指導を提供できる、多様で柔軟な仕組みを整備することが重要であるとされている。

さらに、それは単に同じ場にいることを目指すのではなく、授業内容

が分かり学習活動に参加している実感・達成感を持ちながら、充実した時間を過ごしつつ、生きる力を身に付けていけるかどうかが、最も本質的な視点であるとされている。

　中教審報告には、前述のとおり、共生社会の形成に向けた基本的考え方が述べられており、①就学相談・就学先決定の在り方について、早期からの教育相談と総合的判断による就学先決定の仕組みとすること、②障害のある子どもが十分に教育を受けられるための「合理的配慮」およびその基礎となる環境整備を進めること、③多様な学びの場の整備と学校間連携を推進すること、④特別支援教育を充実させるための教職員の専門性向上等の取組みを進めることについて、具体的な推進方策が示されている。

(3) 就学先決定の仕組み

　「学校教育法施行令の一部改正」（2013〈平成25〉年8月）により、これまでの学校教育法施行令第22条の3に規定された障害の種類および程度に該当する障害のある子どもは、原則、特別支援学校に就学するという仕組み（認定就学）から総合的判断による就学先の決定の仕組みに改められ、同年9月から施行された。

　就学先の決定は、障害のある子どもが、就学後、十分な教育を受ける上で極めて重要な課題である。これまでの「認定就学の仕組み」（2002年9月〜2013年8月）から、子どもの障害の状態、教育上必要な支援の内容、地域における教育の体制整備の状況、本人・保護者や専門家の意見等をふまえた十分な検討をおこなった上で、市町村教育委員会が総合的観点から、小・中学校又は特別支援学校のいずれに就学させるかを判断・決定する仕組みに改められた。

　この手続きを円滑に進めるためには、その前提として、市町村は保健・医療・福祉と教育が連携し、早期からの教育相談・支援の体制を整備することが求められる。また、就学後も柔軟に就学先を見直して、十分な

教育をおこなう体制が求められる。このような体制を実現するためには、市町村教育委員会における特別支援教育の専門性の強化が必須の課題となっている。また、同時に市町村教育委員会の実情に鑑みると、都道府県による支援も強く求められている。

(4) 合理的配慮と基礎的環境整備

条約第2条の定義において、「『合理的配慮』とは、障害者が他の者と平等にすべての人権及び基本的自由を享有し、又は行使することを確保するための必要かつ適当な変更及び調整であって、特定の場合において必要とされるものであり、かつ、均衡を失した又は過度の負担を課さないものをいう。」とされている。

「合理的配慮」の決定・提供に当たっては、各学校の設置者および学校が体制面、財政面をも勘案し、「均衡を失した」または「過度の」負担について、個別に判断することとなる。各学校の設置者および学校は、障害のある子どもと障害のない子どもが共に学ぶというインクルーシブ教育システムの構築に向けた取組みとして、「合理的配慮」の提供が必要となる。

2016（平成28）年4月から施行された「障害者差別解消法」において、法的にも、国および地方公共団体等は義務、民間事業者は努力義務として、「合理的配慮」の提供が求められることになる。各学校の設置者や学校は、その子どもの教育的ニーズを十分把握し、現在必要とされている「合理的配慮」は何か、何を優先して提供する必要があるかなどについて検討する必要がある。

「合理的配慮」は新しい概念であり、各学校の設置者、学校、本人・保護者の「合理的配慮」についての共通理解を進めていく必要があり、そのような取組みを支援する体制づくりが求められている。このため、国立特別支援教育総合研究所では、2014（平成26）年7月、インクルーシブ教育システム構築支援データベース（略称：インクルDB〈http://

inclusive.nise.go.jp/》）において、「『合理的配慮』実践事例データベース」を開設した。文部科学省のモデル事業の成果報告書の内容が「合理的配慮」の事例として整理されており、様々な方法で検索できるようになっている。さらに同研究所においては、2016（平成28）年4月、インクルーシブ教育システム推進センターを新設し、地域や学校現場におけるインクルーシブ教育システムの構築を支援することとしている。

　また、障害のある子どもに対する支援については、法令に基づき、または財政措置により、国は全国規模で、都道府県は各都道府県内で、市町村は各市町村内で、教育環境の整備をそれぞれおこなう。これらは、「合理的配慮」の基礎となるものであり、「基礎的環境整備」と呼ばれている。国、都道府県、市町村は、インクルーシブ教育システムの構築に向けた取組みとして、「基礎的環境整備」の充実を図っていく必要がある。

(5) 多様な学びの場の整備と学校間連携の推進

　特別支援教育を推進することによってインクルーシブ教育システムの構築を進めていく場合、多様な学びの場として、通常の学級、通級による指導、特別支援学級、特別支援学校それぞれの場において環境整備の充実を図っていく必要がある。通常の学級においては、少人数学級の実現に向けた取組みや複数教員による指導など指導方法の工夫改善が望まれる。少人数学級である特別支援学級の指導方法の工夫・改善等もインクルーシブ教育システム構築に向けて検討していく必要がある。通級による指導については、他校通級による児童生徒の移動の負担等を軽減するため、自校で通級による指導が受けられるようにしていくことが求められる。

　また、域内の教育資源の組合せ（スクールクラスター）により、各地域におけるインクルーシブ教育システムを構築していく必要がある。特別支援学校は、小・中学校等の教員への支援機能、特別支援教育に関す

る相談・情報提供機能、障害のある児童生徒等への指導・支援機能、関係機関等との連絡・調整機能、小・中学校等の教員に対する研修協力機能、障害のある児童生徒等への施設設備等の提供機能などのセンター的機能を有している。今後、スクールクラスターの中で、中心機関としてコーディネート機能を発揮することが求められる。このため、スクールクラスターや特別支援学校のセンター的機能を効果的に発揮するための特別支援学校ネットワークを構築する必要がある。

このような域内における各教育資源を充実させ、それぞれを有機的に活用し、各地域におけるインクルーシブ教育システムを構築するためには、障害のある子どもの指導や各教育資源等の仕組みについて熟知しているとともに、保健・医療、福祉、就労等の関係機関等との連携に必要な知識を併せもつ、特別支援教育についての高度な専門性を持った人材が、各地域に配置されることが必要になる。

3．インクルーシブ教育システム構築に向けて

(1) 特別支援教育の推進によるインクルーシブ教育システムの構築

前項で述べたとおり、障害のある子どもの教育は大きく変化しつつあり、特に、インクルーシブ教育システムの構築という目標を掲げたことは、特別支援教育にとって大きな前進であるといえる。

これまでは、一定の障害のある子ども達については、原則として、小・中学校段階の子どもについても、全国約1000校ある都道府県立の特別支援学校を中心に専門的な教育を保証してきた。子どもたちは、専門的な教育を求めて、自宅近くの小・中学校ではなく、生活する地域から少し離れた特別支援学校に通学したり、寄宿舎に入ったりして学んできた。

インクルーシブ教育システムの構築に求められるものは、一つは、障害のある子ども達への「十分な教育」であり、もう一つは、可能な限り「共に学ぶこと」である。この二つのテーマを、調和させ、柔軟な形で

実現していく仕事がインクルーシブ教育システム構築の取組みであるといえる。

　文部科学省は特別支援教育を推進することにより、インクルーシブ教育システムのあるべき姿に近づいていこうという方向性を示している。これまでの特殊教育、特別支援教育の実践で培ってきた様々な資源や専門性をさらに充実・発展させ、組み合わせつつ活用し、システムとして対応していこうという方向性である。

　特別支援学校の設置者である都道府県等と小・中学校の設置者である1700余りの市町村等が連携・協働して、システムとしてこの課題に取り組んでいくことが必要である。

　例えば、地域に特別支援学校が無ければ、分校、分教室の設置を検討する場合もあるだろう。小・中学校の特別支援学級を、拠点校という形で充実する取組みもある。通級による指導を巡回の形で充実させる取組みもある。地域の実情に応じ多様な取組みを工夫することが大切である。

　少し遠方の特別支援学校に通学する場合でも、交流及び共同学習を活発におこなえる工夫をする。一歩踏み込んで、副籍、支援籍といった特別支援学校に在籍する子どもも、居住する地域の子どもであることを明確にした取組みをおこなう。スクールクラスターという域内の教育資源をうまく組み合わせた取組みについても様々な可能性について検討していく必要がある。これらの取組みをより実効性あるものにするためには、より柔軟な連携を可能にする様々な「新しい仕組み」を検討していく必要がある。

　また、これらの仕組みを充実させ、各地域においてインクルーシブ教育システム構築の取組みを進めるためには、前にも述べたとおり、相当高い専門性もった特別支援教育の専門家の配置が必要になる。

　モデル研究開発室では、この地域のスーパーバイザー（仮称）、地域における特別支援教育のトップリーダーともいえる人の専門性や養成の在り方を研究してきた。このような人材の配置の在り方については、特

別支援学校約1000校に地域支援員として配置する、各県の特別支援教育センターや教育事務所に配置する、1700の市町村に配置するなど、様々な方法が考えられる。養成の在り方も含め、このような人材が配置される仕組みについて、行政の積極的な取組みを期待したい。

(2) インクルーシブ教育システム構築に向け求めらる取組み

このような地域のトップリーダー配置のほか、今後、インクルーシブ教育システムの構築を進めていく上で、国、自治体、学校で取り組む必要のある事項を以下にまとめておきたい。

① 子どもの可能性を最大限に伸ばす適切な就学先決定の仕組み

既に制度化されている新しい就学先決定の仕組みについて、今後より適切な対応となるよう取組みをさらに充実する必要がある。そのためには、学校教育法施行令の改正による「総合的な判断による就学先決定の仕組み」について関係者が十分理解すること、教育と医療、保健、福祉等との連携の下、早期からの教育相談・支援の体制整備や個別の教育支援計画の活用等が必要である。

② 可能な限り共に学びつつ、十分な教育を受けることのできるシステムの構築

文部科学省のインクルーシブ教育システム構築モデル事業等の成果や国立特別支援教育総合研究所の平成25年度～27年度専門研究A；「インクルーシブ教育システム構築・体制づくりに関する研究」の成果などを参考に、各地域（市町村等）単位で、地域の実情に応じたシステムを検討する必要がある。その際、都道府県は特別支援学校のセンター的機能による積極的な支援が必要である。

③ 合理的配慮の共通理解と実践

国立特別支援教育総合研究所の「合理的配慮」実践事例データベース「インクル DB」等を活用し、具体的に何が合理的配慮に当たるのかについて、共通理解を深め、各学校における実践を進める必要がある。

④ 指導体制の充実

　国や地方自治体においては、通級による指導や少人数指導のための加配措置、特別支援教育支援員の増員等、指導体制の充実のためのさらなる条件整備が求められる。

⑤ 発達障害への対応

　発達障害については、理解・啓発、研修の推進、指導内容・方法、教材等の研究開発、高等学校段階の対応などが喫緊の課題であり、国立特別支援教育総合研究所の発達障害教育情報センターのHP等を活用して情報を共有し、より一層の取組みが求められる。

⑥ 指導内容・方法の改善・充実

　2014（平成26）年11月20日、中央教育審議会に対して、初等中等教育における教育課程の基準等の在り方について諮問がなされ、特別支援教育については、次のように言及されている。

　「障害者の権利に関する条約に掲げられたインクルーシブ教育システムの理念を踏まえ、全ての学校において、発達障害を含めた障害のある子供たちに対する特別支援教育を着実に進めていくためには、どのような見直しが必要か。

　その際、特別支援学校については、小・中・高等学校等に準じた改善を図るとともに、自立と社会参加を一層推進する観点から、自立活動の充実や知的障害のある児童生徒のための各教科の改善などについて、どのように考えるべきか。」

　連続性のある多様で柔軟な教育の仕組みには、連続性ある柔軟な教育課程が必要である。今後、教育課程の基準の改善に向けた、中央教育審議会での検討の中で、インクルーシブ教育システムの理念をふまえた検討が進むことが期待される。

⑦ 教職員の専門性の向上

　インクルーシブ教育システムを構築するため、幼稚園、小・中学校、高等学校のすべての教員は、特別支援教育に関する一定の知識・技能を

有していることが求められる。特に、発達障害に関する一定の知識・技能は、発達障害の可能性のある児童生徒の多くが通常の学校に在籍していることから必須である。

　また、特別支援学校教員の特別支援学校教諭免許状取得率は、現状、約7割であり、特別支援教育全体の専門性を担保する上からも、早急に取得率の向上の取組みが必要である。さらに、特別支援学級や通級による指導の担当教員は、小・中学校における特別支援教育の専門性を担保する上でも大きな役割を果たす必要があり、研修を通じた専門性の向上を図ることが必要である。

　ここまで、インクルーシブ教育システム構築に関する我が国の動向と課題を整理するとともに、システム構築に向けた取組みをまとめてきたが、地域における支援をどうデザインするかについて次節で検討することとしたい。

（新谷 喜之）

❖引用・参考文献
中央教育審議会初等中等教育分科会（2012）．共生社会の形成に向けたインクルーシブ教育システム構築のための特別支援教育の推進（報告）．（2012〈平成24〉年7月23日）．
文部科学省初等中等教育局特別支援教育課（2013）．教育支援資料－障害のある子供の就学手続と早期からの一貫した支援の充実．（2013〈平成25〉年10月）．

第2節 特別支援教育と地域デザイン

1．地域を基盤とした特別支援教育へ

　2000年に制定された地方分権一括法（「地方分権の推進を図るための関係法律の整備等に関する法律」）により、特別支援教育の分野においても地域ごとの特色ある取組みがより一層注目されるようになってきている。地域支援と連動した研修システムが構築された自治体、幼少時期からの一貫した支援を福祉分野等と連携して実現しようとする自治体など、その動きは多様かつ着実である。しかし、その一方でこれといった方針や方策を見いだせずにいる自治体が多いことも事実である。方針が乏しく、行政担当者も現場の教師も日々生じる課題への対応に追われるという状況では、疲弊するばかりである。

　地域における取組みに関する研究に目を向けると、優れた先行事例を取り上げ、それぞれを精緻に汲み上げるような研究は見られるものの（日本特殊教育学会特殊教育システム検討委員会自治体研究班, 2003；渡部・新井, 2006）、成功事例において共通する特徴を整理し、実現への具体的な指針を示すような研究は十分とは言えない。それは、「地域の実情」の幅の広さ故に、特別支援教育に関する施策において一定の法則性を見出すことが困難であるからであろう。

　しかし、本節で取り上げたいのは、それぞれ異なる「地域の実情」を抱えながらも、地域のことを真剣に考える人たちがどのような一歩を踏み出し、周囲の人々を巻き込みながら、具体的に人々を巻き込む場をいかにしてデザインし、具体的な活動に結びつけていけばよいのか、そしてそのような取組みをより成功裏に導くためには、何に注意を払いながらデザインの設計を進めれば良いのかということである。つまり、本研究では特別支援教育を「地域デザイン」という視点で考えることを提案

したい。

　「地域デザイン」とは、特別支援教育の分野では耳慣れない用語かもしれない。しかし、2012年に「地域デザイン」学会が設立されたり、地域デザインという用語を含んだ学科等が設立されるなど、地域政策、地域振興の領域において近年注目が高まっている。その定義は一様ではないが、地域に関わる人々が中心になりながら、地域が抱える問題を自律的に考え、資源を有効に活用しながら新たな価値を創造する一連のプロセスを、デザイン思考で、いわば仕掛けるような取組みと言える。

　本節では、「2．特別支援教育における地域とは」において、2012（平成24）年の中教審報告における地域に関する記述を探り、特別支援教育を地域において自律的に考える必要性について述べる。その上で、「3．特別支援教育における『地域デザイン』」において、「地域デザイン」に関連する研究成果に学び、特別支援教育において「地域デザイン」の視点が重要であることを述べる。その上で、「4．特別支援学校のセンター的機能にみる『地域デザイン』」において、特別支援教育の地域支援に関する実施事例を「地域デザイン」の視点から読み解くことにする。

2．特別支援教育における地域とは

⑴　中教審報告「共生社会の形成に向けたインクルーシブ教育システム構築のための特別支援教育の推進（報告）」の記述

　我が国の今後の特別支援教育の方向性を示した2012（平成24）年の中教審報告においても、「地域」を基盤として特別支援教育を具体的に実現していくことが求められている。この報告書においては、「地域」という用語の用いられ方の特徴は、以下の3点である。

　第1は、子どもの生活基盤としての「地域」である。

　今後の特別支援教育の発展にあたって、留意する3点のうちの一つと

して、「障害のある子どもが、地域社会の中で積極的に活動し、その一員として豊かに生きることができるよう、地域の同世代の子どもや人々の交流等を通して、地域での生活基盤を形成することが求められている。このため、可能な限り共に学ぶことができるよう配慮することが重要である。」と述べられている。

ここでは、子どもの生活基盤を指すものとして「地域」という用語が用いられており、社会参加や交流の重要性が指摘されている。

第2は、リソースの提供主体としての「地域」である。

就学先決定の仕組みについて、以下のように述べられている。「就学基準に該当する障害のある子どもは特別支援学校に原則就学するという従来の就学先決定の仕組みを改め、障害の状態、本人の教育的ニーズ、本人・保護者の意見、教育学、医学、心理学等専門的見地からの意見、学校や地域の状況等をふまえた総合的な観点から就学先を決定する仕組みとすることが適当である。」

さらに、合理的配慮についての項目では以下のように述べられている。

「『合理的配慮』は、一人一人の障害の状態や教育的ニーズ等に応じて決定されるものであり、設置者・学校と本人・保護者により、発達の段階を考慮しつつ、『合理的配慮』の観点をふまえ、『合理的配慮』について可能な限り合意形成を図った上で決定し、提供されることが望ましく、その内容を個別の教育支援計画に明記することが望ましい。なお、設置者・学校と本人・保護者の意見が一致しない場合には、『教育支援委員会』(仮称)の助言等により、その解決を図ることが望ましい。また、学校・家庭・地域社会における教育が十分に連携し、相互に補完しつつ、一体となって営まれることが重要であることを共通理解とすることが重要である。さらに、『合理的配慮』の決定後も、幼児児童生徒一人一人の発達の程度、適応の状況等を勘案しながら柔軟に見直しができることを共通理解とすることが重要である。」

ここでは、リソースを有し、それを提供する主体としての意味合いで

地域が述べられている。

　第3は、連携の単位としての「地域」である。

　学校間連携の推進に関する項目で、以下のように述べられている。

　「域内の教育資源の組合せ（スクールクラスター）により、域内のすべての子ども一人一人の教育的ニーズに応え、各地域におけるインクルーシブ教育システムを構築することが必要である。

　特別支援学校は、小・中学校等の教員への支援機能、特別支援教育に関する相談・情報提供機能、障害のある児童生徒等への指導・支援機能、関係機関等との連絡・調整機能、小・中学校等の教員に対する研修協力機能、障害のある児童生徒等への施設設備等の提供機能といったセンター的機能を有している。今後、域内の教育資源の組合せ（スクールクラスター）の中でコーディネーター機能を発揮し、通級による指導など発達障害をはじめとする障害のある児童生徒等への指導・支援機能を拡充するなど、インクルーシブ教育システムの中で重要な役割を果たすことが求められる。そのため、センター的機能の一層の充実を図るとともに、専門性の向上にも取り組む必要がある。

　域内の教育資源の組合せ（スクールクラスター）や特別支援学校のセンター的機能を効果的に発揮するため、各特別支援学校の役割分担を、地域別や機能別といった形で、明確化しておくことが望ましく、そのための特別支援学校ネットワークを構築することが必要である。」

　ここでは、「地域」ではなく「域内」という類似する用語が用いられている。役割と機能を一定程度備えたリソースの単位を「域内」という用語で示しているのであろうか。いずれにせよ、そのリソースの単位については「地域」の実情に応じて「地域」で検討すべきという認識であろう。

⑵　特別支援教育において地域に根ざして考える必要性

　ここまで、中教審報告における「地域」の捉え方について検討した。

「地域」というとき、明確な範囲が定められているわけではなく、子どもの生活基盤を指す場合もあれば、リソースの提供主体として指す場合、さらにそれらが明確ではない場合もあり、範囲も境界も明確にされていない。多くの小中学校が市町村立であるのに対し、多くの特別支援学校が都道府県立であり、全ての障害種別をカバーする特別支援学校を市町村単位で確保することが難しいこと、自治体規模や地理的条件などが多様であることなどの事情を考えると、その方向性を国が規定すること自体が難しいことであるとも言える。

いずれにせよ、特別支援教育においても「地域」が強調されていることは確かであり、子どものニーズや保護者の要望に基づき教師、学校が応答するといった一次的な関係性にとどまるのではなく、子どもを取り巻くネットワークを構築し子どもの成長を支えることの重要性を読み取ることができる。

合理的配慮の提供、域内の教育資源の組み合わせ（スクールクラスター）や地域での生活基盤の形成を意図する交流及び共同学習など、地域において、それぞれの主体が有する資源を提供し、相互に活用しながら実現していくことが求められる。これまでのやり方を踏襲する形では実現が難しいものが多くあり、関係者が知恵を出し合いながら、地域の実情に即した新しい形をデザイン思考で模索することが必要となる。

3．特別支援教育における「地域デザイン」

(1) 戦略的な地域づくりの要件

風間（2014）は、地域の課題を解決する際に、戦略的に取り組む上で重要な要件を明快に示している。風間（2014）によれば、地域に生じる問題を解決する時の「解決」には二つの捉え方がある。

第1は、「改善（improvement）」である。ここでは問題を理想（あるべき状態）と現実（今の状態）のギャップと捉え、問題を解決するた

めには現実を何らかの方法で動かして、理想へと近づけて改善へと導く。しかし、地域社会で抱える問題が次第に複雑化していくと、このような考え方では解決が難しくなる。問題の原因が複数に絡み合い、一つひとつの原因に対して解決する方法を見いだし実現していくことが困難だからである。

　第2は、「イノベーション（innovation）」である。イノベーションとは、パラダイム（思考の枠組み）を変え、新しい価値を創造していくことである。地域社会が抱える複雑な問題を解決するために、従来の思考方法では思いつかなかった発想やアイデアを提示する必要がある。地域をダイナミックに変化させ、行政と住民の関係を根本から変え、袋小路に入っている問題の突破口を作るというのである。

　そして、地域で戦略的にイノベーションを起こすには、①ソーシャル・キャピタルの蓄積と②ダイバーシティ（多様性）の確保という2つの条件が必要になるという。一つ目の条件は、地域の問題を他人事ではなく「自分事」であると認識し、自分たちの力でなんとか解決していこうという自律した市民の存在と、地域の住民が地域の問題に一致協力して取り組む際の拠り所となる、地域の内外の人たちとの間の「つながり」の形成である。しかし、「つながり」に位置するメンバーが固定化すると話は堂々巡りになり新しい発想は生まれない。ここで、多様なメンバーとの交流を担保するという二つ目の条件が必要であるという。

　このような考え方に基づき、近年、地方自治体においても「プラットフォーム」（課題意識を持った人々が交流し行き交う場）を用意することで、アイデアが生み出される「場」を作る工夫がおこなわれている。

(2) 地域づくりのプラットフォーム

　飯盛（2015）は、地方創生を果たした事例を「地域づくりのプラットフォーム」を視点に据えて読み解いている。以下に、飯盛（2015）による「地域づくりのプラットフォーム」を紹介する。

地域づくりには、あるものを資源にしていく資源化プロセスが大切である。地域の資源には、ヒト、モノ、カネ、情報である。資源化プロセスは、①地域資源の発見・再確認、②意味づけや価値観の共有、③資源の戦略的展開、というフェーズで構成される。この資源化プロセスの肝となるのは地域内外の新しいつながりを作っていくことであり、その基盤となるのが「プラットフォーム（platform）」であるという。そして、次々と何らかの新しい活動や価値を生み出すこと、すなわち、社会的創発をもたらすことが肝要である。

　そして、うまくいっているプラットフォームには共通した特徴があるという。第1は、境界（boundary）の設計の絶妙さである。つまり、人や組織間の強いつながりと弱いつながりが効果的に結合することである。強いつながりは信頼を生み、同じような知や情報を深く共有することができる。一方、弱いつながりは、新しい異質な情報が流通する。第2は、資源の持ち寄りである。参加する人や組織が、自分たちの提供できる資源を持ち寄ってプラットフォームを構築することで、自分たちの活動という自覚が芽生えて、主体性を発揮できる可能性があるという。

(3) 地域デザインからの学び

　ここでは、①戦略的な「地域づくり」の要件、②地域づくりのプラットフォームから、地域づくりを成功裏に導くための要点を整理したい。

　第1は、問題解決の方法には「改善」「イノベーション」の2種類があると捉えていることである。過去の事例を踏襲した「対応」では解決できない複雑な問題が生じていることへの認識と、問題に相対する主体の自律性が問われていると言えよう。

　第2は、「資源化プロセス」という視点である。資源を見つけ、その価値を認識、共有し、実際に生かしていくという過程が重要であることである。自分の地域がうまくいかない理由を列挙することは簡単である。そうではなく、すでにある資源に目を向けることから一歩が始まること

を指摘している。

　第3は、戦略的に「イノベーション」を起こすためにはコアなメンバーでの信頼関係に基づく「つながり」と、多様なメンバーによるゆるい「つながり」の二つを意図的に整備することの重要性である。

　このような地域デザインの視点は、特別支援教育の分野においても学ぶべきことが多い。インクルーシブ教育への転換が謳われ、地域において「改善」のみならず「イノベーション」の発想に基づく対応が求められる。そこでは、地域の関係者が主体となって地域の特別支援教育を構想することが求められる。その実現にあたっては、強い「つながり」、弱い「つながり」を生む仕掛けを作りながら、地域にある資源に気づき、その価値を共有し、実践に生かしていくというプロセスを丁寧に経ていくことが大切である。

4．特別支援学校のセンター的機能にみる「地域デザイン」

　ここでは、特別支援教育の実施以来目覚ましく進展した特別支援学校のセンター的機能の担当者（コーディネーター）による取組みをもとに、地域デザインについて述べる。特別支援教育の最も重要な資源の一つである特別支援学校が、地域支援の方向性として、行政とともに、地域の学校、関係機関と連携しながら進めていくことの重要性をいかに認識しているかは、地域の特別支援教育の方向性を左右すると考えるからである。

　特別支援学校のセンター的機能を見ると、公立特別支援学校における平均の相談件数は年間300件にものぼる（文部科学省, 2015）。これは、特別支援学校によるセンター的機能の発展と定着を示す証左であるとともに、問題性をはらんでいる。つまり、学校等において生じる課題への対応を特別支援学校が担っているのではないかということである。この問題性を鮮やかなほどに自覚し、課題解決の方向性を見いだした好例が、

大阪府立佐野支援学校の取組みであろう。

　大阪府立佐野支援学校では、増え続ける相談件数に対して「請負型から推進型へ」をキーワードに、①校内において地域支援をおこなう教員を「教育相談員」として登録し、学校全体で地域支援をおこなうシステムづくり、②地域の小中学校にコーディネーターを育成し、地域が連携して自校や他校の支援をおこなうことのできる体制づくりをおこなっている（福井, 2012）。さらにユニークなのは、「相談件数の減少」をもってこれらの取組みの成果を示しているという点である。

　この大阪府立佐野支援学校の取組みを「地域デザイン」の視点から検討する。相談件数が増加の一途であるという課題に対して「請負型から推進型へ」というスローガンを掲げて対応したことにみられるように、課題の捉え方の転換が「イノベーション」の思考である。さらに、これを実現するための具体的な方策には、「資源化プロセス」の視点がある。つまり、学校内の教員を「教育相談員」という形で登録してもらうことは、その教員の有する専門性やその価値を言語化し意識化することにつながる。また、教育委員会や校内外の教職員との「強い」「弱い」つながりの中でこれらの取組みが生み出され、さらにこれらの取組みにおいても、OJTが作用する等、つながりを保ちながら運営される仕組みになっている。

　この他、筆者が所属するモデル研究開発室と兵庫県立特別支援教育センターが共同で開催する研修会において参加者らに報告書を求めた中にも、その歩みを始めた事例が多く見受けられた。

　兵庫県立氷上特別支援学校は、高等学校への支援を実施する際に、意図的に近隣に位置する高等学校の取組みを紹介し、つながりを作る結節点を企図している（蘆田, 2015）。これは、資源化プロセスに該当するであろう。すなわち、高等学校にはユニバーサルデザインについての優れた事例があることを地域支援担当者が認識し（地域資源の発見・再確認）、これを研修会において紹介することが、身近な取組みの意義を見

出すことにつながる（意味づけや価値観の共有）。さらに、このような取組みが根付き、高等学校同士での事例の交流や検討会につながる可能性もあろう。

　西宮市立西宮養護学校では、小学校からの研修会講師の依頼に対し、当該小学校のコーディネーターに事前に教職員のニーズをアンケートにより掴んでもらい、自分たちが動いたり、話し合ったりできる内容を考え、①ここが聞きたい特別支援教育、②自立活動でコミュニケーション、③ワールド・カフェ「A小学校の強みと弱み」の3部構成で研修をおこなっている（小山, 2015）。この事例では、センター的機能担当者と小学校コーディネーターの研修会の企画を通した「つながり」を、A小学校の強みと弱みを教職員自らが対話するという「つながり」を重視した研修会を通して認識する機会が設定されている（地域資源の発見・再確認、意味づけや価値観の共有）。

　つまり、校内や地域にすでにある資源を特別支援学校のコーディネーターが意味づけ、その価値に目を向けてもらおうとすること、さらにこの取組みを「つながり」を作りながら認識してもらう取組みは、実際におこなわれている。また、こうした支援を実施する特別支援学校のコーディネーター自身も、地域支援部のメンバーらとのコアなつながりのなかで、試行錯誤しながら辿り着いた取組みであろう。

5．今後に向けて

　特別支援教育はインクルーシブ教育へと移行していくと考えられる。しかし、それを地域の実情に即して、いかにして実現していくのかについて、誰も正解を与えてくれない。地域において、地域の人々を巻き込みながら、地域に応じた具体的な策を講じていくしかないのである。その際、地域デザインの思考を取り入れることが、よりよい成果へと結びつくと考える。その際に主要な課題となる人材育成の現状と課題につい

ては、次節で検討することとする。

(石橋 由紀子)

❖引用・参考文献

蘆田圭(2015).高等学校とのつながり.兵庫県立特別支援教育センター・兵庫教育大学大学院特別支援教育コーディネーターコース・兵庫教育大学特別支援教育モデル研究開発室,平成26年度調査研究「現職教員の専門性向上のための研修の在り方Ⅲ 特別支援教育における地域リーダー育成-特別支援教育コーディネーターを対象とした「部長研修」を通して―,pp.48-49.

中央教育審議会初等中等教育分科会(2012).共生社会の形成に向けたインクルーシブ教育システム構築のための特別支援教育の推進(報告).

福井浩平(2012).第2章実践編16 地域への支援で本校の専門性もアップ!―学校全体で取り組む地域支援―.柘植雅義・田中裕一・石橋由紀子・宮崎英憲(編)特別支援学校のセンター的機能 全国の特色ある30校の実践事例集.ジアース教育新社,pp.140-145.

飯盛義徳(2015).地域づくりのプラットフォーム―つながりをつくり、創発をうむ仕組みづくり.学芸出版社.

風間規男(2014).第2章 地域にイノベーションを起こすネットワークの力.同志社大学政策学部10周年記念出版編集委員会 政策学ブックレット3 地域の自律は本当に可能か.学芸出版社.

小山悦子(2015).特別支援学校のセンター的機能充実をはかるために.兵庫県立特別支援教育センター・兵庫教育大学大学院特別支援教育コーディネーターコース・兵庫教育大学特別支援教育モデル研究開発室 平成26年度調査研究「現職教員の専門性向上のための研修の在り方Ⅲ 特別支援教育における地域リーダー育成-特別支援教育コーディネーターを対象とした「部長研修」を通して―,pp.80-81.

文部科学省(2015).平成25年度特別支援学校のセンター的機能の取組に関する状況調査について.

日本特殊教育学会特殊教育システム検討委員会自治体研究班(2003).特別支援教育への転換―自治体の模索と試み―.クリエイツかもがわ.

渡部昭男・新井英靖(2006).自治体から創る特別支援教育.クリエイツかもがわ.

第3節　特別支援教育における人材育成の動向と課題

1．特別支援教育担当者に必要とされる専門性

(1) 特別支援教育に関わる者に求められる役割

　特別支援教育を担当する者に専門性が必要であることは、文部科学省からの通知や中央教育審議会報告などにおいて繰り返し述べられてきている。2007年（平成19年）に文部科学省初等中等教育局長名で出された「特別支援教育の推進について（通知）」から、学校長、各学校の教師、コーディネーターなどに求められる役割や機能を表1－1にまとめた。

表1－1　教育上の役職と求められる役割や機能

役職	求められる役割や機能
校長	・自らが特別支援教育や障害に関する認識を深めるとともに、リーダーシップを発揮しつつ、体制の整備等を行い、組織として十分に機能するよう教職員を指導すること。
小中学校等の特別支援教育コーディネーター	・学校における特別支援教育の推進のため、主に、校内委員会・校内研修の企画・運営、関係諸機関・学校との連絡・調整、保護者からの相談窓口などの役割を担うこと。
特別支援学校の特別支援教育コーディネーター	・関係機関や保護者、地域の幼稚園、小学校、中学校、高等学校、中等教育学校及び他の特別支援学校並びに保育所等との連絡調整を行うこと。
教師	・校内での研修を実施したり、校外での研修に参加させたりすることにより専門性の向上に努めること。 ・一定の研修を修了した後でも、より専門性の高い研修を受講したり、自ら最新の情報を収集したりするなどして、継続的に専門性の向上に努めること。
特別支援学校の教師	・地域における特別支援教育の中核として、様々な障害種についてのより専門的な助言などが期待されていることに留意し、専門性のさらなる向上を図ること。 ・特別支援学校教諭免許状保有状況の改善、研修の充実に努めること。さらに、幼児児童生徒の障害の重複化等に鑑み、複数の特別支援教育領域にわたって免許状を取得することが望ましいこと。
指導主事	・各学校の支援体制の整備を促進するため、指導主事等の専門性の向上に努めること。

これらの役割や機能を発揮するための専門性は、特別支援教育に関する一定の知識のみならず、学校内や地域のリーダーシップに関すること、組織的な対応に関すること、保護者や教師との相談に関すること、など多岐にわたる。また、どのような立場で特別支援教育にかかわるかによって、その専門性の内容は異なるであろう。

　澤田（2014）は、インクルーシブ教育システムにおける教育の専門性と監修カリキュラムの開発に関する研究に取り組み、すべての教師に求められる資質・能力を習得するための研修の方策例である「インクルーシブ教育システムの構築にむけた研修ガイド　多用な学びの場の教育の充実のために―特別支援教育の活用―」（試案）を取りまとめた。すべての教師に求められる研修の内容とは、①多様な子どもたちの学びを支える教育の柱（学級づくり、授業づくり、生徒指導）、②教育の柱を支えるために必要な資質・能力（子ども理解、環境整備、校内外との連携・協働）、③インクルーシブ教育システム構築に必要な知識（共生社会の形成に向けたインクルーシブ教育システム、インクルーシブ教育システム構築のための特別支援教育、多様な学びの場における教育課程の編成と学習指導要領）であるとしている。

　上記の内容を基本として、各役割に応じた専門性を積み上げていくことが必要になると考えられる。

(2) 特別支援教育担当者が専門性を求められる法的根拠

　特別支援教育に関する教師の資質向上については、障害者基本法に規定されている（**表 1 - 2**）。

　第16条第 4 項の下線部（筆者による）が、教師の専門性向上を表していると解釈できる。

　一方、特別支援教育において校内支援体制のキーパーソンとされるコーディネーターは、その指名と校務分掌の中に位置づけるべきことについて、文部科学省からの通知によって示されており、法令上の規定はない。

表1－2　障害者基本法第16条

第16条	第1項	○国及び地方公共団体は、障害者が、その年齢及び能力に応じ、かつ、その特性を踏まえた十分な教育が受けられるようにするため、可能な限り障害者である児童及び生徒が障害者でない児童及び生徒と共に教育を受けられるよう配慮しつつ、教育の内容及び方法の改善及び充実を図る等必要な施策を講じなければならない。
	第2項	○国及び地方公共団体は、前項の目的を達成するため、障害者である児童及び生徒並びにその保護者に対し十分な情報の提供を行うとともに、可能な限りその意向を尊重しなければならない。
	第3項	○国及び地方公共団体は、障害者である児童及び生徒と障害者でない児童及び生徒との交流及び共同学習を積極的に進めることによって、その相互理解を促進しなければならない。
	第4項	○国及び地方公共団体は、障害者の教育に関し、調査及び研究並びに人材の確保及び資質の向上、適切な教材等の提供、学校施設の整備その他の環境の整備を促進しなければならない。

　なお、特別支援学校のコーディネーターについては、センター的機能を担う人材という名目で加配がおこなわれ、専任化が図られてきている。

　特別支援学校教師については、教育職員免許法第3条に各相当の免許状保有が必要であると規定され、つまり特別支援学校教諭免許状の保有者であることが条件とされている。しかし、同法附則第16項により「幼稚園、小学校、中学校又は高等学校の教諭の免許状を有する者は、当分の間、第3条第1項から第3項までの規定にかかわらず、特別支援学校の相当する各部の主幹教諭（養護又は栄養の指導及び管理をつかさどる主幹教諭を除く。）、指導教諭、教諭又は講師となることができる。」とされている。

　この附則第16項については、「特別支援教育を推進するための制度の在り方について（答申）」（中央教育審議会, 2005）において、特別支援学校教諭免許状の保有率向上のための方策とともに、時限を設けて廃止することが適当であることが提言された。さらに、「これからの学校教育を担う教員の資質能力の向上について（答申）」（中央教育審議会, 2015）において、2020（平成32）年度までの間に、おおむねすべての特別支援学校教師が特別支援学校教諭免許状を保有することを目指し、国

が必要な支援をおこなうことが必要であると提言されている。特別支援学校教師の免許状保有率については、毎年文部科学省が調査しており、「平成26年度特別支援学校教員の特別支援学校教諭等免許状保有状況等調査の結果について」(通知) 平成27年5月15日27初特支第9号 (文部科学省, 2015) によれば、2014 (平成26) 年度の保有率は72.7%であり、過去最高となっている。

同通知において、特別支援学校教師の免許状保有率を高める取組みを各自治体に求めるのみならず、特別支援学級や通級指導教室を担当する教師にも特別支援学校教諭免許状の保有を、また通常の学級担任に対しても認定講習等の受講を勧めている。特別支援学校教師以外に対しての法的根拠はないものの、特別支援教育担当者に対して「特別支援学校教諭免許状保有」あるいは認定講習の受講が望ましいとする基本方針を文部科学省が示している。

また、「これからの学校教育を担う教員の資質能力の向上について (答申)」において、特別支援学級担当教師については、小中学校における特別支援教育の重要な担い手であり、その専門性が校内の他の教師に与える影響も極めて大きいことから、特別支援学校教諭免許状保有率を現状の2倍程度を目標として引き上げることが望ましいとしている。

(3) 新たに求められるようになった専門性の内容

さらに、2012 (平成24) 年の中教審報告において求められる教師の専門性を**表1-3**にまとめた。

2007 (平成19) 年度に特別支援教育制度が開始され、特に発達障害に関する知識・技能がすべての教師に求められる専門性として加えられるようになった。それから10年を経ずして、このようなさらなる専門性が求められるようになってきている。

表1-3　教師に求められる様々な専門性

専門性の特徴	専門性の内容
すべての教師に求められる専門性	○インクルーシブ教育システム構築のため、特別支援教育に関する一定の知識・技能を有していること。
	○特に発達障害に関する一定の知識・技能は、発達障害の可能性のある児童生徒の多くが通常の学級に在籍していることから必須であること。
従来あまり話題になっていなかった専門性	○「合理的配慮」について特別支援教育に関わる教師が正しく認識して取り組むとともに、すべての教師が認識すること。
	○特別支援学校の教師については、特別支援教育の専門性だけでなく、教科教育の専門性もバランス良く身に付けること。
	○校長をはじめとする教師の指導力の向上。とくに、特別支援教育についての専門性や多様性をふまえた学校経営・学級経営といったマネジメント能力。
	○小中学校等の特別支援教育コーディネーターについては、学校全体の教師の資質能力の向上に指導的な役割を果たすこと。
	○ぜん息や食物アレルギー等の子どもが増加傾向であることをふまえ、養護教諭と連携しつつ、健康状態の把握や対応についても学ぶべき。
	○教員養成課程で学ぶ学生に対して、手話、点字、指点字、触手話といったコミュニケーション方法について教えることについて充実を図ることも考えられる。

2．教師養成段階における専門性獲得

(1) 特別支援学校以外の教諭免許状取得のための養成カリキュラム

　教師養成段階における現状について述べる。

　特別支援学校教諭免許状以外の免許状を取得する際には、特別支援教育に関する一定の学習をおこなうことが定められている。これは平成10年に教育職員免許法が改正された時に新たに加えられたものである。教育職員免許法施行規則第6条に免許取得に必要な科目が示されているが、第3欄「教育の基礎理論に関する科目」として、①教育の理念並びに教育に関する歴史及び思想、②幼児、児童及び生徒の心身の発達及び学習の過程（障害のある幼児、児童及び生徒の心身の発達及び学習の過程を含む。）、③教育に関する社会的、制度的又は経営的事項の3つが含まれ

ている。さらに免許状の種類に応じて取得する単位数が定められており、例えば小学校一種免許状であれば、第3欄の科目を合計6単位取得することが必要である。しかし、特別支援教育に関しては、②幼児、児童及び生徒の心身の発達及び学習の過程（障害のある幼児、児童及び生徒の心身の発達及び学習の過程を含む。）の中で扱えばよいという示し方であり、どの程度の時間数扱うかについては、各大学に任されている状態である。

　加藤（2012）は大学における教職課程のシラバスの検証をおこない、いくつかの事例を挙げている。その中には「障害のある幼児、児童及び生徒の心身の発達及び学習の過程を含む。」との括弧書きの内容が全く読み取れないシラバスがあることが指摘されている。教員養成学部を設置し、特別支援学校教諭免許課程がある大学の例では、「教育心理学」の授業内容の説明には「障害をもつ者に関する事項を含む」旨の記述があるが、15回分の授業計画のどの回で触れるのかについてはシラバスからは読み取れないとしている。

　教員養成学部を設置し、特別支援学校教諭免許課程がある、つまり特別支援教育を専門とする教員がいる大学ですら、括弧書きの内容の明確な位置づけがされていないのであるから、教師養成に特化していない大学で特別支援学校教諭以外の免許状を取得する学生の場合は、特別支援教育に関する学習が曖昧な位置づけである可能性がある。小中学校等の教師養成段階においては、障害のある子どもに関する知識格差がかなりあることが推察される。

(2)　特別支援学校教諭免許状取得のための教師養成カリキュラム

　一方、特別支援学校教諭免許状を取得する学生については、基礎資格として短期大学士以上の学士資格に加えて幼、小、中又は高の教諭の普通免許状が求められる。その上で、免許取得に必要な科目が教育職員免許法施行規則第7条に示されており、例えば特別支援学校教諭二種免許

状であれば、特別支援教育に関する科目の単位数として16単位が必要であり、その内訳は第1欄「特別支援教育の基礎理論に関する科目」2単位、第2欄「特別支援教育領域に関する科目」8単位、第3欄「免許状に定められることになる特別支援教育領域以外の領域に関する科目」3単位、第4欄「障害のある幼児児童生徒についての教育実習」3単位である。このうち第3欄「免許状に定められることになる特別支援教育領域以外の領域に関する科目」は、免許状に定められることとなる特別支援教育領域以外の全ての領域（重複・LD等を含む。）を含まなければならないとされている。しかし、「重複・LD等を含む」との括弧書きの内容は平成19年度の制度改正時に付け加えられたものなので、それ以前に特別支援学校教諭免許状（正確に言えば盲・聾・養護学校教諭免許状）を取得した教師は、免許状取得に際してはそれらの内容を学んでいないということになる。

3．現職教師に対する専門性向上の取組み

　教師養成段階で身に付かなかった特別支援教育に関する専門性は、教職についてから向上させるしかない。また、特別支援教育制度が開始される以前に教諭免許状を取得した教師については、制度改正後の内容を学習していないということを考慮すると、現職教師に対する専門性向上の方が重要であるともいえる。むしろ社会の変化に応じて、求められる専門性は変化するのであるから、現職教師に対する専門性向上の取組みを進めることの方が重要であろう。

　都道府県教育委員会が現職教師に対する専門性向上のために実施している施策を平成25年度特別支援教育担当者会議資料「各都道府県における特別支援教育に関する取組状況」（文部科学省初等中等教育局特別支援教育課）から抽出してみる。ここには各自治体における専門性向上のための取組みが、特別支援学校教師、特別支援学級教師、特別支援学級

を初めて担当する教師、通級による指導担当教師、通常の学級担当教師に分けて記載されている。

具体的内容について表現の仕方は異なるが、多くの自治体が実施している取組みと、中教審報告において提言されているがまだあまりおこなわれていない先進的な取組みについて表1－4にまとめた。

表1－4　自治体における専門性向上の取組み

取組みの特徴	概要	具体的な内容
多くの自治体が実施している取組み	特別支援教育センターや特別支援学校がおこなう研修	・経験年数や経験内容、それまでに受けた研修のレベル、職務内容等に応じた様々な研修メニューを用意して対応する。
	特別支援教育コーディネーター養成研修	・特別支援学校と小中学校、さらには高等学校といった学校種別の研修、経験年数や研修受講歴に応じた研修メニューを用意して対応する。
	免許状保有率向上のための認定講習	・特別支援学校教師に対しては免許状取得を目的とする。特別支援学校以外の教師には認定講習受講を推進することで専門性向上を図る。
	特別支援教育に関する資料配布	・資料、手引を作成し配布する。あるいはインターネット上にアップする。
	研修機関への短期あるいは長期の派遣	・特別支援教育総合研究所、大学院、特別支援教育センター等への派遣研修。
中教審報告において提言されているが、まだあまりおこなわれていない先進的な取組み	交流人事	・県立特別支援学校に市町村立小中学校から2年間の交流人事を行っている（神奈川県ほか）。
	兼務によるOJT	・特別支援学校教師の専門性向上のために小学校教師を特別支援学校との兼務とし、週1回勤務している（岡山県）。
	地域の中核となる人材養成	・小中学校、高等学校の通常の学級担任を特別支援教育総合研究所の専門研修に派遣し、地域の中核となる人材養成をしている（山梨県）。 ・各市町の中心的な役割を担う者を対象に連続講座を実施（三重県）。 ・地域支援の中心となるコーディネーターの育成（大阪府ほか）
	教育相談コーディネーターとしての位置づけ	・支援が必要なすべての児童生徒に対応するための教育相談コーディネーターを養成し、配置している（神奈川県）。

なお、市町村教委が現職教師の専門性向上のための研修会を実施している例も報告されている。

一方、特別支援学校のセンター的機能の活用や、小中学校等に対して助言する人材の配置については、多くの自治体で言及されていたが、これらは、助言する側の専門性向上にはなっても、助言される側の専門性向上にはつながらない恐れもある。

4．人材育成に関する課題

(1) 地域ごとの役割に応じた専門性の向上について

それぞれの役割に応じた専門性については、各自治体の地域の状況に応じたものが求められる。また、地域の中核となる人材の役割や配置状況に応じた養成方針については、地域ごとに工夫することが必要であり、それが地域の実情に適合しているかについての検証を含め、今後も課題であり続ける。

(2) 教師養成段階と現職研修における専門性向上について

教師養成段階において、基礎的な専門性を身につけることが望ましい。しかし、現在、教師養成カリキュラムにこれ以上新たな内容を付け加えることは困難である。そういった事情も考慮すると、社会の変化に応じた専門性は現職研修によって身につけることが期待される場合が多いと考えられる。多様な目的に応じた多様な研修方法や研修の場が求められている。

(3) 新たに求められる専門性向上について

「合理的配慮」などの新たな概念とそれに応じた専門性、バランスよい教科教育の専門性、特別支援教育についての専門性や多様性をふまえたマネジメント能力、学校全体の教師の資質能力の向上に指導的な役割

を果たす学びのデザイン能力、などが求められるようになってきている。
　特に、「合理的配慮」の提供に関わっては、合意形成を図るための三者協議の在り方なども新たな課題となるだろう。従来、教育相談に関する資質能力については必要とされてきたが、合意形成に向けた協議をファシリテートする資質能力についてはあまり重視されていなかった。円滑なコミュニケーションを図る資質能力についても今後一層求められるようになっていくに違いない。

（樋口　一宗）

❖引用・参考文献
中央教育審議会（2005）．特別支援教育を推進するための制度の在り方について（答申）．
中央教育審議会（2015）．これからの学校教育を担う教員の資質能力の向上について（答申）．
中央教育審議会初等中等教育分科会（2012）．共生社会の形成に向けたインクルーシブ教育システム構築のための特別支援教育の推進（報告）．
加藤宏（2012）．特別支援教育時代における開放制教員養成課程カリキュラムへの一考察．筑波技術大学テクノレポート，19, pp.26-30.
文部科学省（2007）．特別支援教育の推進について（初等中等教育局長通知）．
文部科学省（2015）．平成26年度特別支援学校教員の特別支援学校教諭等免許状保有状況等調査の結果について（特別支援教育課長通知）．
文部科学省初等中等教育局特別支援教育課（2013）．各都道府県における特別支援教育に関する取組状況（平成25年度特別支援教育担当者会議資料）．
澤田真弓（2014）．インクルーシブ教育システムにおける教育の専門性と研修カリキュラムの開発に関する研究―研修カリキュラム立案のための方策とその具体例の検討―．特別支援教育総合研究所紀要，41, pp.3-14.

第2章

地域支援における新たな方向性

はじめに

　第1章で、インクルーシブ教育を具現化するにあたり、地域におけるデザインの検討および人材育成の重要性に加えて、それらの取組みをリードするリーダーの必要性について概観した。しかしながら今後、インクルーシブ教育をふまえた特別支援教育を推進するにあたり、検討すべき問題がまだ多く残っている。本章では学校やそれらを取り巻く地域支援システムの現状や課題を取り上げながら、新たな方向性を示したい。

　第1節では、学校における教員や支援関係者の協働を進めていくための課題について、現状をふまえて考察する。巡回相談システムにおいては、小中学校等の特別支援学校の依存傾向が強まり、コンサルテーションの在り方が問われている。また、小中学校等では、通常学級における発達障害の子どもを含めたすべての子どもが主体的に参加し、共に学び合う授業づくりが求められている。さらに、教職員と保護者・多職種との有機的な連携の在り方、教員の専門性を高めるための教員研修の在り方が課題となっているが、それらをイギリスの取組みから考察する。

　第1節の考察をふまえ、療育から就労までを見据えた総合的な地域支援システムの構築に向けた、早期療育・早期相談を主とした、実際の地域支援の展開モデルを第2節で示していきたい。あわせて、地域支援モデルの構築に向けた取組みについて、シンガポールの現状を紹介する。さらに、地域支援を担う特別支援教育コーディネーター（以下、コーディネーター）の今後の役割を見越した、研修プログラムの実際を第3節で紹介し、チーム支援を実現するためのリーダーシップを発揮し得る地域のリーダーとしての人材を育成するための研修の成果と課題について述べる。主体的な自己研鑽が自らのキャリアにつながるような、主体性を持った学び続ける教師の今後の教職キャリア形成の展望についてもこの節で示していきたい。

（岡村　章司）

第1節　学校における協働

1．学校現場におけるコンサルテーションの必要性

　コンサルテーションとは、Caplan（1963）によれば、次のように定義される。第1に、コンサルタント、コンサルティ、クライアントの三者で構成される。第2に、コンサルタントとコンサルティの関係性とは対等であり、非階層的なものであり、互いの専門性を尊重することが大切になる。第3に、コンサルタントとコンサルティとの間において様々なレベルを用いたコミュニケーションによって進められる協働作業であり、問題や課題を解決する過程を指す。コンサルテーションの目的として、①コンサルティが抱える問題の効果的な解決を援助すること、②それらの過程を通して、コンサルティの問題解決力を向上させることが挙げられる。

　特別支援教育が開始され、教師が孤軍奮闘するのでなく、指導する教師や教師集団への支援、特別な教育的ニーズのある幼児および児童生徒や周辺生徒の支援をも含めたコンサルテーションシステムの構築が求められている（別府, 2013）。通常の学級を担当する教師が、多様な状態像を示す子どもに対して適切に指導することを援助し支えるための、コンサルテーションの必要性が高まっていると言えよう。

(1)　巡回相談におけるコンサルテーションの現状および課題

　特別支援学校は、「小・中学校等の障害のある児童生徒や担任に対して必要な助言や指導をおこなうとともに、保護者に対しても教育相談をおこなうなど特別支援教育に関する地域のセンター的な役割を果たすこと」が期待されている（文部科学省, 2009）。松村・大内・笹本・西牧・小田・當島・藤井・笹森・牧野・徳永・滝川・太田・横尾・渡邊・伊藤・

植木田・亀野（2009）は、全国の特別支援学校を対象におこなった調査により、全体の89％の学校でセンター的機能を担う中心となる組織を設けており、全体の70％の学校で地域内の小中学校へセンター的機能に関する普及活動をおこなっていたことを示した。文部科学省（2013）の調査によると、センター的機能を主として担当する分掌・組織を設けている特別支援学校は9割を超えている。このように、特別支援学校は巡回相談を主とした地域支援に積極的に取り組み出している。巡回相談は、専門家が学校を訪問し、発達障害など、特別な教育的ニーズのある幼児および児童生徒に関する支援内容や方法、学校の支援体制、保護者や関係機関との連携等について、担任やコーディネーターといった教師に指導や助言をおこなうコンサルテーションの一形態である（文部科学省, 2004）。

　特別支援学校は、地域との連携強化を図り、学校の専門性を生かした取組みを模索しながら、巡回相談における大きな成果を挙げているが（田中・奥住・池田, 2013）、もろもろの課題も指摘されている（**表2－1**）。

　第1に、特別支援学校では、年々相談件数が増加し、その対応に苦慮している現状があるものの、一方で小中学校等への定期的・継続的な支援がなされていない現状がうかがえる。武田・斎藤・新井・佐藤・藤井・神（2013）は、「専門家・支援チーム」の巡回指導員26名を対象に調査をおこなった結果、巡回相談をおこなう際に求められる専門性としてコンサルティング力を挙げ、継続した支援が重要で、定期的な評価による見直しによりプランを修正し、それを関係者で共通理解して取り組めるようにしていく力が求められていると指摘している。浜谷（2014）も、保育所への巡回相談において、コンサルタントが毎月定期的にクラスを訪問することができれば、対象児をアセスメントし助言することができるかもしれないが、短時間の単発の相談では限界があるとし、さらに、保育者間の信頼関係や保育者集団の価値観などは、短時間では把握しが

表 2 − 1　巡回相談における現状と求められる解決策

状況	問題	解決策
・年々相談件数が増加 ・小中学校等への定期的・継続的な支援がなされていない	・小中学校等の教師の力量が上がらない ・特別支援学校への依存性を高める危惧	・教師の力量を促す自立に向けた支援の蓄積 ・特別支援学校の支援のフェードアウト
・コンサルテーションでの情報が教育現場の実践に活用・統合されない ・コンサルテーションで受けた知識等を学校で共有するシステムや教師間で共有する場がない ・個別の指導計画が十分に機能していない	・学校全体で支援するための校内支援体制（管理職の特別支援教育に対する意識、特別支援教育コーディネーターの役割など含む）の不備	・校内支援体制の改善を目的とした支援、つまり学校組織へのアプローチを含めたコンサルテーション
・相談活動を反省してコンサルテーションの専門性を高めることができる状況が不十分 ・巡回相談員は、経験を頼りに不安と悩みを抱えながら手探りで相談活動に取り組んでいる	・コンサルテーションの在り方に関する研修内容が乏しい ・長期にわたる継続した研修がない	・コンサルテーションを実施する資質や技術の獲得を促す研修プログラムの開発や研修システムを構築

たいが、それらに配慮する姿勢をもつことが基本であると指摘している。

　一方、田中ら（2013）は、特別支援学校・教育センターの訪問調査の結果から、小学校等の特別支援教育の力量を高め、自立を促し、特別支援学校の支援をフェードアウトさせることがセンター的機能の本来の役割であると示している。しかしながら、巡回相談が、コンサルティである小中学校等の担任の問題解決力を高めることにつながらず、特別支援学校への依存性を高める危惧が起こっている現状がある（後上・大久保・井上, 2013；浜谷, 2006）。また、コンサルティは専門家に対し過度な期待を抱き、納得できない結果になれば逆に深い不信感を抱く二律背反する利用者心理が作り出される可能性がある（秦野, 2009）。井上・後上・井澤（2013）は特別支援学校 1 校が実施した学校等へのコンサルテーションの効果を検討し、子どもの実態把握、校内の共通理解、支援体制

の整備、具体的支援について効果があり、子どもの行動の変容、保護者の変容については効果が高くなかったことを示している。子どもの行動の変容の効果が少なかった理由として、効果的な指導をおこなうための教師の力量の向上にはつながりにくかったと考察している。特別支援学校は、定期的・継続的な巡回相談を通して、各学校が自校の支援体制を整備し、教師が主体的に問題解決に取り組めるよう、教師の力量を促す自立に向けた支援をおこなうことで（武田ら, 2013）、徐々に支援をフェードアウトする必要があると考えられる。

　第2に、巡回相談員が提供する情報が教育現場の実践に活用・統合されず、個別の指導計画が十分に機能していないことが挙げられる（森, 2010）。さらに、校内委員会や諸会議などの機会が、個別の指導計画に必ずしも活用されない状況がある（森・藤野・大伴, 2012）。こうしたコンサルティである小中学校等の教師自らの問題解決が進みにくい要因として、コンサルテーションで受けた知識等を学校で共有するシステムや教師間で共有する場がないといった、学校全体で支援するための校内支援体制の不備が挙げられる（後上ら, 2013）。武田ら（2013）が指摘するように、管理職の特別支援教育に対する意識によって学校全体の雰囲気が大きく左右され、同様にコーディネーターの役割や働きによっても、校内支援体制の整備・改善の在り方が変わってくる。さらに、ともすると率直な意見交換や相談しあうことに躊躇し、多くの問題を一人で解決しがちな学校全体としての風土があると、それは大きく各教師の行動に影響する（肥後, 2004）。校内支援体制の改善を目的とした支援、つまり学校組織へのアプローチを含めたコンサルテーションが求められていると考えられる。

　第3に、特別支援学校の巡回相談員であるコンサルタントが、相談活動を反省してコンサルテーションの専門性を高めることができる状況が不十分な現状にある（後上ら, 2013；浜谷, 2005）。そのため、コンサルタントは自ら認識の転換をしつつ、経験を頼りに不安と悩みを抱えな

がら手探りで相談活動に取り組んでいる状況にある（浜谷，2005；田中ら，2013）。河村・腰川（2014）におけるコーディネーター研修の調査研究によれば、2年目以降の経験者を対象とした研修では、具体的なコーディネート業務の実際を取りあげた「コーディネーターの役割及び活動の実際」、ケース会議のもち方や効果的なコンサルテーションの進め方を取り上げた「校内支援体制及び地域支援体制の整備」といった内容は約17％にとどまり、障害の理解と対応やアセスメントを重視する傾向が顕著に表れていたことを示した。このことから、コーディネーター研修では、コンサルテーションにおける課題解決のための内容に関する研修が主であり、コンサルテーションの在り方に関する内容は乏しいことが示唆される。

河村・腰川（2014）は、42都道府県92講座のコーディネーター研修を分析した結果、専門研修に取り組んでいる都道府県は80.2％であったものの、2014年度で7日以上設定している研修は1講座のみであった。しかしながら、コンサルテーションの知識・技術が身につくには、限られた期間ではなく、長期にわたる継続した研修が不可欠である。継続的な専門研修の蓄積が前提とされないわが国の現状（大石，2000）を鑑みれば、コンサルタントの研修制度の構築が重要であると考える。

以上のことから、コンサルティの問題解決力を高めるコンサルテーションを追究しながら、校内支援体制づくりを含めた学校組織へのアプローチの在り方を検討する必要があると考えられる。併せて、それらのコンサルテーションを実施する資質や技術の獲得を促す研修プログラムの開発や研修システムを構築する必要があるだろう。

(2) 求められるコンサルテーションの在り方

教師にとって「困った行動」だとしても、子どもからすれば無理もない行動であることはよくある。子どもは授業内容が理解できない場合、離席してしまうのはやむを得ないだろう。授業は教師と子どもの相互作

用の連続、双方向のコミュニケーションの集合体であると捉えれば、教師に対して自らの授業や対応自体の振り返りを促す必要がある。口頭での指示がどれだけ子どもに伝わっているのか、板書の仕方により子どもの理解がどれだけ促されているかなど、自らの手立てによる子どもの実態や変化を把握していかなければならない。そのためには、コンサルテーションの経過において、コンサルティ自身が自らの指導や対応について子どもの実態をふまえて検討していくことを促す必要があると考える。コンサルティである小中学校等の教師の問題解決力を高めるためには、コンサルティに生じる学びや振り返りこそが、特別なニーズを有する子どもへの指導や質の高い実践を促すために重要である（三山, 2011）。

　また、助言を受けたとしても、教師はそれらの案を実行しないことがある。実行しない理由として、それらの案が子どもや学級の実態にそぐわない、教師の教育観や価値観に合致していない、実行に関するコストやストレスを伴うといったことが挙げられるだろう。例えば、視覚支援の有効性を理解しており、教材の工夫が求められていることが分かっていても、コンサルティは通常の学級において活用できるように、提案された教材をどう具現化すれば良いかが分かっていないかもしれない。その場合、むしろコンサルティが自らの実践の振り返りをもとに、実行可能な指導内容・方法を導き出せるようにコンサルテーションを進めていく必要がある。

(3)　コンサルティの主体性を促すコンサルテーション

　このようなコンサルティの主体性を促し、問題解決力を高めることを目的とした、コンサルティの学びや振り返りを促すコンサルテーションとはどうあるべきなのだろう。コンサルタントがコンサルティにどのような姿勢で接するかはコンサルテーションの成功に関係する重要な要素であり、コンサルタントのスキルの中で、対人関係とコミュニケーションのスキルの重要性が指摘されている（Meyers, 2002）。

しかしながら、大石（2015）は、行動コンサルテーションの立場から、コンサルテーションにおいて何をおこなえば問題解決に結びつくか、に関する研究知見は蓄積されているが、どうおこなえばその研究知見を普及できるのか、あるいは対象範囲を拡張できるのか、に関する十分な示唆は得られていないと指摘している。阿部（2013）は、保育所への巡回相談を通して、訪問者が問題解決のための設問を繰り返して協議の雛形を示し、保育士自身が話し合って問題解決に至る道筋を繰り返し成功体験できるよう保障することが重要であることを明らかにしている。話の進め方を含め、コンサルタントのどのような言動がコンサルティのどのような行動を引き起こしたり強化したりしたのか。今後、コンサルタントの行動とその機能を分析対象とする研究を一層推進する必要があるだろう（大石, 2015）。

　その上で、Schein（1999）のプロセス・コンサルテーション・モデルは大いに参考になる。プロセス・コンサルテーションのモデルとは、コンサルティとの関係を築き、コンサルティが自身の内部や外部で生じている出来事のプロセスに気づき、理解し、それに従った行動ができるようになるというものである。そのために、コンサルタントはコミュニケーションのプロセスに焦点を当てる。

　「児童の暴言をなくしたい」という訴えに対して、教師は当該の児童の困難性や弱みばかりを述べていたとする。それらの情報から、児童の特性やそれらをふまえた指導内容・方法を伝えることはその時点でのコンサルティの訴えに応えることにはなるだろう。しかしながら、暴言を生じさせる要因についての教師による振り返りや分析が全くないことが問題であるかもしれない。具体的な暴言の内容やどういうきっかけで生じやすいのか、または生じにくいかを把握しているのか。暴言に対する指導の結果、暴言は少なくなっているのか、それとも増加しているのか、増加しているのであればその理由を分かっているのか。こうした児童の実態把握がそもそも不十分であることが問題であるかもしれない。また、

教師は自らの対応や指導方法に関して全く言及しないのは、自らの指導に対して何かを指摘されることに抵抗を感じているかもしれない。この場合、コンサルタントが指導の改善点を直接的に言及することはコンサルティの主体性を損ねることになるだろう。あくまで児童の状態を通して話をしながら、コンサルティに自らの対応への振り返りを促すことが求められる。このように、コンサルティ自身が何が問題でどのような援助を自分は必要としているかを理解することを目的として、コンサルタントは援助する。問題を抱えているのはコンサルティ自身であり、最終的に何が問題解決につながるかを知っているのはコンサルティだけだと捉える。コンサルティが自ら問題を理解し、解決方略を考えていくようにならない限り、問題解決には至らない。コンサルティの問題解決に対する主体性が上がることは、他の問題に直面した時にコンサルティ自身が問題解決に向かいやすくなるという意味で予防的なモデルであると言える。

　こうしたことから、コンサルティの主体性を促し、問題解決力を高めるコンサルテーションにおいては、コンサルティが自身の内部や外部で生じている出来事のプロセスに気づき、理解し、それに従った行動ができるようになるように、コンサルタントはプロセスに着目していかねばならないと考える。プロセスとはまさに相談時における生々しいやりとりであり、互いの考えや捉え方を擦り合わせ、新しいものを一緒に見つけ出す、共に創り出す対話と言える。質問を投げかけられることで、コンサルティは自らの現状を語っていく中で新たな視点を得たり、課題に気づいたりしていく。コンサルティの発言を受け、コンサルタントはそれらの発言から得た気づきをフィードバックしていく。コンサルタントはその一つひとつのやりとりに意識的であることが求められるだろう。

(4) コミュニケーションとしてのコンサルテーション

　巡回相談におけるコンサルタントはクライアントである子どもに直接

関わることは少ないが、校内の教師間のコンサルテーションでは、コンサルタントが支援する子どもに直接関わることが多くある。石隈（1999）は、このような状況では、それぞれの専門性をもった者が、コンサルタントでありコンサルティになりうるとし、コンサルタントとコンサルティの関係は一方向的ではなく、相互方向になる関係にあると指摘している。例えば、学級での子どもの支援に関しては学級担任がコンサルタントになりスクールカウンセラーがコンサルティになるが、相談室でのカウンセリングに関してはスクールカウンセラーがコンサルタントになり学級担任がコンサルティになる。コーディネーターは特別支援教育の専門性に基づいて、教師や保護者のコンサルタントになる。同時に、学級での様子を含めた子どもの実態を教えてもらうことで、担任教師のコンサルティとしての役割もとり、それらの情報に基づいて対象の子どもに個別的な指導をおこなうことがある。また、通常の学級の担任は教科教育、特別支援学級の担任は自立活動に関する専門性が高い。日常生活の指導においては、特別支援学級の担任がコンサルタントになり、通常の学級の担任がコンサルティになる。教科指導の内容については、コンサルタントとコンサルティの役割が変更になるかしれない。以上のように、コンサルタントやコンサルティの役割が適宜入れ替わり、相互にコンサルテーションが生じると言える。

　先にも強調したが、コンサルティが自分で問題を理解し、自分で解決方略を考えていくようにならない限り、本質的な問題解決には至らない。たとえコンサルテーションをおこなった対象の子どもの課題が解決したとしても、教師がそれをふまえて別の子どもにも応用できなければ意味がない。そうでなければ、その教師は違う対象の子どもに出会うと、再度、コンサルテーションの要請をすることになるだろう。こうした現状を打破するためには、教師一人ひとりが普段のやりとりであるコミュニケーションを見つめ直し、違う専門性をもつ教師どうしが対話を通して新たな解決策を探っていく、相互コンサルテーション（石隈, 1999）を

積み重ねる必要があると言える。教師間のコミュニケーションが活性化し、相互コンサルテーションがいろいろな関係性の中で生じることで、コンサルティ一人ひとりが主体的に自ら問題解決に向かうようになることが求められる。一人ひとりの教師の主体的に問題解決に向かう行動は、子どもの行動の変化により強化され、さらに学校長や同僚の教師等からの肯定的な評価により強化される。さらに、相互コンサルテーションによる教師間で協働して問題解決を図る行動が強化される。佐古・竹崎（2011）は、教職員の協働を基盤として学校の組織化を実現し、それによって外発的な教育活動改善ではなく、教職員の内発的な教育活動改善を引き出し、さらに学校の教育活動の組織化を実現することをねらいとした、学校組織開発理論に沿って、学校コンサルテーションを実施した。その結果、対象の3校において、教師間の協働が進展し、学校の内発的な改善力が高まる方向で学校が変容した。一人の教師の力量や善意に頼って組織改善や問題解決を図るのでなく、チームとして子どもの課題解決に向かうことは、学校の支援体制の充実を図ることになり、学校全体の問題解決力を高めていくことになると考えられる。

⑸ コンサルテーションを学ぶ研修プログラムの在り方

コンサルテーションの知識や技術を講義で伝えたとしても、受講者が学んだ知識や技術を実際のコンサルテーションで活用できるかは不明であり、今後は研修で学んだ内容の活用を含めた評価をおこなう必要があると考える。小田・石川・岡崎（2010）は、「特別支援教育コーディネーター・アドバンス研修プログラム」の受講者に対して、研修後の行動変容についての自己評価をおこなった。その結果、巡回相談スキルについては、アセスメント、プレゼンテーション、教材作成といった他のスキルに比べて「実践の効果」が最も高く、受講者は実践に学びを活かしていると推察された。こうした結果は、実際に大学教官のコンサルテーションに陪席する実地研修で実践的に演習をおこなったことが寄与したと示

唆される。このように日々のコンサルテーションへの般化を見据え、受講者のアクティブ・ラーニングを充実させる研修プログラムが求められていると言えよう（河村・腰川, 2014）。

なお、コンサルティの主体性や気づきを高めるコンサルテーションに関する、受講者のアクティブ・ラーニングを促す研修プログラムについては、第4章第1節を参照されたい。

（岡村　章司）

❖引用・参照文献
阿部美穂子 (2013). 保育士が主体となって取り組む問題解決志向性コンサルテーションが気になる子どもの保育効力感にもたらす効果の検討. 保育学研究, 51, pp.93-106.
別府悦子 (2013). 中学校の特別支援教育における教師の指導困難とコンサルテーション. 障害者問題研究, 40, pp.27-33.
Caplan, G. (1963). Types of mental health consultation. *American Journal of Orthopsychiatry*, 33, pp.470-481.
後上鐵夫・大久保圭子・井上和久 (2014). 特別支援学校等で実施する学校コンサルテーションの課題について. 大阪体育大学健康福祉学部研究紀要, 11, pp.61-80.
浜谷直人 (2005). 巡回相談はどのように障害児統合保育を支援するか：発達臨床コンサルテーションの支援モデル. 発達心理学研究, 16, pp.300-310.
浜谷直人 (2006). 小学校通常学級における巡回相談による軽度発達障害児等の教育実践への支援モデル. 教育心理学研究, 54, pp.395-407.
浜谷直人 (2014). インクルーシブ保育と子どもの参加を支援する巡回相談. 障害者問題研究, 42, pp.178-185.
秦野悦子 (2009). 保育巡回相談で出会う倫理問題とその対応. 白百合女子大學研究紀要, 45, pp.A83-A104.
肥後祥治 (2004). 支援チームづくりの在り方. 発達の遅れと教育, 566, pp.7-9.
井上和久・後上鐵夫・井澤信三 (2013). 特別支援学校のセンター的機能としての学校コンサルテーションの効果についての一考察―兵庫県立赤穂特別支援学校の取組を通して―. 発達障害研究, 35, pp.168-177.
石隈利紀 (1999). 教師・保護者・学校組織へのコンサルテーション―児童生徒へのチーム援助として―. 石隈利紀（著）. 学校心理学, 誠信書房, pp.259-315.
河村久・腰川一恵 (2014). 特別支援教育コーディネーター育成研修の現状と課題―公的機関の研修プログラムの検討―. 聖徳大学研究紀要, 25, pp.55-62.
松村勘由・大内進・笹本健・西牧謙吾・小田侯朗・當島茂登・藤井茂樹・笹森

洋樹・牧野泰美・徳永亜希雄・滝川国芳・太田容次・横尾俊・渡邉正裕・伊藤由美・植木田潤・亀野節子 (2009). 小・中学校における特別支援教育への理解と対応の充実に向けた特別支援学校のセンター的機能の取組. 国立特別支援教育総合研究所研究紀要, 36, pp.17-28.

Meyers, J. (2002). A 30 year perspective on best practices for consultation training. *Journal of Educational and Psychological Consultation*, 13, pp.35-54.

三山岳 (2011). 保育者はいかにして相談員の意見をうけとめるのか―巡回相談における保育者の概念変容プロセス―. 教育心理学研究, 59, pp.231-243.

文部科学省 (2004). 小・中学校におけるLD（学習障害）、ADHD（注意欠陥／多動性障害）、高機能自閉症の児童生徒への教育支援体制の整備のためのガイドライン（試案）.

文部科学省 (2009). 特別支援学校学習指導要領.

文部科学省 (2013). 平成25年度特別支援学校のセンター的機能の取組に関する状況調査.

森正樹 (2010). 保育・教育現場の主体的課題解決を促進するコンサルテーションの研究―特別支援教育巡回相談の失敗事例から―. 宝仙学園短期大学紀要, 35, pp.39-49.

森正樹・藤野博・大伴潔 (2012). 教育現場における特別支援教育巡回相談の効果的活用に関する検討―教師の意識と行動に関わる質問紙を通じた調査―. 臨床発達心理実践研究, 7, pp.175-183.

小田浩伸・石川慶和・岡崎裕子 (2010). 特別支援教育コーディネーター・アドバンス研修プログラムの効果測定（Ⅰ）―評定尺度による学習到達度と修了後の変化の自己評価―. 日本特殊教育学会第48回大会発表論文集, p.753.

大石幸二 (2000). 知的障害児教育における「現場研修」への応用行動分析学のアプローチ. 特殊教育学研究, 38, pp.53-63.

大石幸二 (2015). 行動コンサルテーション―実践と研究の現在位置―. コミュニティ心理学, 18, pp.175-185.

佐古秀一・竹崎有紀子 (2011). 漸進的な学校組織開発の方法論の構築とその実践的有効性に関する事例研究. 日本教育経営学会紀要, 53, pp.75-90.

Schein, E. H. (1999). *Process consultation revisited: Building the helping relationship*. Addison-Wesley.（E. H. シャイン（著）. 稲葉元吉・尾川丈一（訳）(2002). プロセス・コンサルテーション：援助関係を築くこと. 白桃書房.）

武田篤・斎藤孝・新井敏彦・佐藤圭吾・藤井慶博・神常雄 (2013). 特別支援教育における学校コンサルテーションの充実に向けて～コンサルタントが抱く困難性と求められる専門性～. 秋田大学教育文化学部教育実践研究紀要, 35, pp.79-85.

田中雅子・奥住秀之・池田吉史 (2013). 特別支援学校の学校組織におけるセン

ター的機能のシステムのあり方―全国30の特別支援学校・教育センターの訪問調査から―. 東京学芸大学総合教育科学系Ⅱ, 64, pp.7-17.

2．通常の学級の授業づくり

　特別な支援を要する児童生徒は通常の学級にも在籍している（文部科学省, 2002；2012）。つまり、特別支援教育を効果的に推進していく上では、通常の学級における授業づくりに関する実態も理解しておく必要がある。よって本項では、通常の学級での授業づくりに関する知見を整理し、現状と課題をみていく。なお、本項では、本章（第2章）の主題「地域支援における新たな方向性」に沿って論を進めるため、本節（第1節）の議題となっている「学校における協働」という観点からの記述はおこなわないこととする。

　現在、通常の学級での授業づくりに対する要請は、大きく2つの側面からなされていると言える。1つは、子どもの創造的対話能力を育成するための授業づくりへの要請であり（中央教育審議会, 2008）、もう1つは、発達障害等の特別な支援を要する児童生徒が主体的に参加できる授業づくりへの要請である（文部科学省, 2012）。以下では、それぞれの授業づくりに関する知見を詳述する。

(1) 創造的対話能力の育成に繋がる授業づくり

　創造的対話能力とは、問題やテーマについて、互いの考えを出し合い、それらを比較、吟味し、より良い考えを協働構成する能力のことである（e.g., 丸野, 2005）。このような能力の育成が求められる背景には、グローバル化や情報化の進展という、急速に進む社会情勢の変化が関係している。つまり、現代社会では、様々な状況で、ものの見方や考え方の異なる他者と創造的に対話し、課題解決していくことが求められ始めて

いるのである。文部科学省も、そうした社会情勢の変化を受け、平成20年の学習指導要領の改訂においては、言語活動の充実という観点から各教科の指導をおこなっていく必要があることを指摘している（中央教育審議会, 2008）。

その要請に対応するように、教育現場では、学び手どうしの対話を中心とした授業実践（学び手どうしが学び合う授業実践）が試みられるようになっている（e.g., 松尾・丸野, 2007; 一柳, 2009）。すなわち、知識伝達型教育への偏りを反省し、重要な知識や原理の伝達を目標とする伝達型教育と、話し合いを通して「考え方や学び方を学ぶ」ことを目標とする対話型教育のバランスのとれた授業実践の定着化が目指されるようになっている。伝達型教育と対話型教育の違いを**表2－2**に示す。伝達型教育では、「答えを知っている教師が質問する－学び手が答える－教師がそれを正解か否かという観点から評価する」という、いわゆるIRE（Initiation-Reply-Evaluation）構造でやりとりが進む点に特徴がある（**表2－2**）。予め決定された、どの学び手にとっても正しい答えが、授業中のやりとりを支配していると言える。これに対して、対話型教育では、学び手が自らの考えや疑問を積極的に発言し、互いの考えを相互に関連づけたり、質問したりしながら、その状況や文脈においてより適切な答えを創造していく（**表2－2**）。皆で協働し、より適切で、妥当な答えを探し求めようとする学級内の志向性が、授業中のやりとりを支配していると言える。

では、学び合う授業の実現はどのように図られるのだろうか。先行研究では、"児童達の学び合い"が生じている場面における談話過程を紐解くことで、児童達の学び合いを支えるために有効な教師の談話方略（＝働きかけ）を整理してきた。その中では、(a) 教師が、児童の発言内容を繰り返したり、言い換えたりして、"その児童の考え"や"その児童の考えと他の児童の考えとの関係"を明確にする働きかけ（＝リヴォイシング：revoicing）や、(b) 児童の発言に対して教師が質問をおこ

表2－2　伝達型教育と対話型教育の違い（Dillon（1994）を基に作成）

特徴	伝達型教育	対話型教育
主な話し手	・教師が2/3、あるいはそれ以上話す	・学び手が半分、あるいはそれ以上話す
典型的なやり取り	・質問－答え形式 ・教師が質問→学び手が答える→教師が評価（この質問－答え－評価のサイクルが繰り返される）	・質問－答え形式ではない ・教師と学び手が混ざり合って陳述や質問を繰り返す
予測できる順序	・教師が話し、次に学び手が答える順序性	・明確な順序性はない（教師→学び手、学び手→教師、学び手→学び手の混ざり合い）
全体のペース	・短く、早いやり取りが繰り返される	・長く、ゆっくりしたやり取りが繰り返される
質問	・尋ねられる時は質問そのものとしてではなく、知っている答え（知識）を示すために	・質問そのものとして尋ね、学び手は質問した事象について知識を利用したり、新しいものを得る
答え	・予め決定されている正しいもの／誤ったもの ・全ての学び手にとって同じ正しい答え	・決定できない、決定可能な、決定されているもの、あるいはそうでないもの（予め決定されていない） ・異なる学び手には異なる答え
評価	・"正しい／誤り" ・教師によってのみ	・"同意／不同意" ・生徒または教師によって

ない、児童に精緻化や反省的思考を促す働きかけ（＝リフレクティブ・トス：reflective toss）等の重要性が示されてきた（O'Connor & Michaels, 1993；Van Zee & Minstrell, 1997；松尾・丸野, 2009）。

それらの知見をもとに、尾之上・丸野・松尾（2011）と尾之上・丸野（2012）による一連の研究では、学び合う授業が未成立の学級において、教師が如何にして学び合いの実現を図っているかを分析している（その結果を図2－1、図2－2に示す）。小学6年生の1学級を対象に、1学期から2学期の間に実施された国語科の授業4単元の授業過程を分析した結果、第1に、教師が、リヴォイシングやリフレクティブ・トスといった働きかけを、学級の児童の実態に応じて分けて運用していること

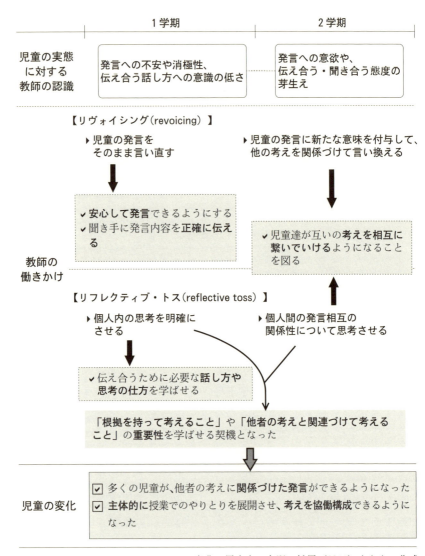

図2−1　リヴォイシングとリフレティブ・トスの調整的運用過程

が確認された（尾之上ら，2011）（**図2−1**）。すなわち、教師は、"伝え合う意識の低さ"を児童の実態として認識していた1学期当初は、

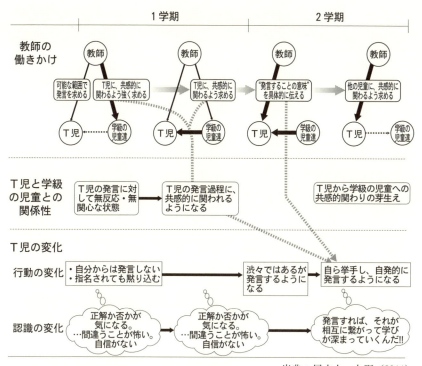

図2−2　積極的に発言できる風土をつくるための働きかけ

（a）児童の発言をそのまま言い直す働きかけ（リヴォイシングの下位カテゴリ）を通して、他の児童に発言の内容を正確に伝えることを、（b）個人内の思考を明確にさせる働きかけ（リフレクティブ・トスの下位カテゴリ）を通して、伝え合うために必要な話し方や思考の仕方を学ばせることを図っていた。これに対して、"伝え合う態度の芽生え"を児童の実態とて認識し始めた2学期頃からは、（a）児童の発言に新たな意味を付与したり、他の考えを関係づけたりして言い換える働きかけ（リヴォイシングの下位カテゴリ）や、（b）個人間の発言相互の関係性について思考することを促す働きかけ（リフレクティブ・トスの下位カテゴリ）を通して、児童達自身が互いの考えを相互に繋いでいける

ようになることを図るようになっていた。

　第2に、そのようにリヴォイシングやリフレクティブ・トスといった働きかけを学級の児童の実態に応じて運用していく過程においては、児童達が、「発言児に対して共感的に関われるようになる」ための働きかけや、「発言することの意味を認識できるようになる」ための働きかけを同時平行的におこないながら、"学級の児童達が積極的に発言できる対話風土"をつくることを試みていることが確認された（尾之上・丸野, 2012）（図2－2）。なお、尾之上らが対象にした学級では、児童達の変化として、①単に多くの児童が発言できるようになっただけでなく、発言に際して、他者の考えに関係づけた発言ができるようになったという変化や、②自分達が主体となって授業でのやりとりを展開させ、その過程で問題に対する考えを構成できるようになったという変化が、実証的に確認されている（尾之上ら, 2011）（図2－1）。

⑵　特別な支援を要する児童生徒が主体的に参加できる授業づくり

　特別支援教育の側からも、通常の学級での授業づくりに対する要請がある。すなわち、通常の学級に在籍する、発達障害等の特別な支援を要する児童生徒が、主体的に授業参加できるような工夫や配慮をおこなうことが求められている（文部科学省, 2012）。昨今の通常の学級には、学習面や行動面、発達や社会性等に困難を抱える児童生徒が複数名在籍していることが確認されており（文部科学省, 2002; 2012）、直近の調査では、通常の学級の児童生徒の約6.5％に、学習面、行動面の問題が単独もしくは複合してみられるという（文部科学省, 2012）。

　海外の調査によれば、授業場面で生じる児童生徒の問題は、教師の職業性ストレスの主要な原因になる（Hawe et al., 2000）。他方、学び手側に目を転じると、早くも50年前に学習資質は学習に必要な時間と学習に取り組んだ時間との関数であるとモデル化されており（Carroll, 1963）、学業従事率と学業達成との間には正の相関があることが示され

ている (Greenwood, 1991)。つまり、どの児童生徒も主体的に授業参加できるような工夫や配慮は、教師と児童生徒の双方にとって重要なのである。

この問題に対して、教育現場では、児童生徒の多様なニーズに応え、主体的な授業参加を促すために、"ユニバーサルデザイン"という考え方を取り入れた授業づくりが実践され始めている。ユニバーサルデザインとは、全ての人々にとってアクセスし易い環境設計を意味しており、特定のハンディキャップをもった人々への特別な環境設計を意味するバリアフリーとは区別される用語である（坂本, 2012）。ユニバーサルデザインの考え方を取り入れた授業づくりには、大きく2つの流れがある（川俣, 2014）。1つは、米国で提唱されているユニバーサルデザイン（Universal Design for Learning）であり、もう一つは日本で発展してきているユニバーサルデザインである。以下に、それぞれの考え方をみていく。

① 米国で提唱されているユニバーサルデザインによる授業づくり

米国で提唱されているユニバーサルデザインによる授業づくり（Universal Design for Learning）は、CAST（Center for Applied Special Technology）が提唱しているものである（以下、UDLと表記する）。UDLの特徴は、予め、子ども達の多様な学び方に対応した授業を設計する、という点にある。具体的には、まず、子ども達の学びを、"表象"（Representation）、"行動と表出"（Action and Expression）、"取り組み"（Engagement）の3つの側面で捉える（表2－3）。そして、表象の側面では「子ども達が、提示される主要な情報を、正しく認識、理解できるようにするために多様な方法を提供する」工夫を、行動と表出の側面では「子ども達が、提示された情報に応答し、行動、表現できるようになるための多様な方法の提供」に関する工夫を、取り組みの側面では「子ども達が、意欲を持って、主体的に学習に取り組めるようになる」ための工夫を、それぞれ施した上で授業を実践する（CAST,

表2-3　学びのユニバーサルデザイン・ガイドライン（ver.2.0.）

I.提示に関する多様な方法の提供	II.行動と表出に関する多様な方法の提供	III.取り組みに関する多様な方法の提供
1：知覚するための多様なオプションを提供する 1.1情報の表し方をカスタマイズする多様な方法を提供する 1.2聴覚的に提示される情報を、代替の方法でも提供する 1.3視覚的に提示される情報を、代替の方法でも提供する	4：身体動作のためのオプションを提供する 4.1応答様式や学習を進める方法を変える 4.2教具や支援テクノロジーへのアクセスを最適にする	7：興味を引くために多彩なオプションを提供する 7.1個々人の選択や自主自律性を最適な状態で活用する 7.2課題の自分との関連性・価値・真実味を高める 7.3不安材料や気を散らすものを軽減させる
2：言語、数式、記号のためのオプションを提供する 2.1語彙や記号をわかりやすく説明する 2.1構文や構造をわかりやすく説明する 2.3文や数式や記号の読み下し方をサポートする 2.4別の言語でも理解を促す 2.5様々なメディアを使って図解する	5：表出やコミュニケーションに関するオプションを提供する 5.1コミュニケーションに多様な手段を使う 5.2制作や作文に多様なツールを使う 5.3支援のレベルを段階的に調節して流暢性を伸ばす	8：努力やがんばりを継続させるためのオプションを提供する 8.1目標や目的を目立たせる 8.2チャレンジのレベルが最適となるよう求める（課題の）レベルやリソースを変える 8.3協働と仲間集団を育む 8.4習熟を助けるフィードバックを増大させる
3：理解のためのオプションを提供する 3.1背景となる知識を提供または活性化させる 3.2パターン、重要事項、全体像、関係を目立たせる 3.3情報処理、視覚化、操作の過程をガイドする 3.4学習の転移と般化を最大限にする	6：実行機能のためのオプションを提供する 6.1適切な目標を設定できるようにガイドする 6.2プランニングと方略開発を支援する 6.3情報やリソースのマネジメントを促す 6.4進捗をモニタする力を高める	9：自己調整のためのオプションを提供する 9.1モチベーションを高める期待や信念を持てるよう促す 9.2対処のスキルや方略を促進する 9.3自己評価と内省を伸ばす
学習リソースが豊富で、知識を活用できる学習者	方略的で、目的に向けて学べる学習者	目的を持ち、やる気のある学習者

©2011 by CAST. ALL rights reserved. www.cast.org.udlcenter.org.

出典：CAST（2011）. Universal design for Learning guidelines version 2.0. Wakeeld, MA:Author.［キャスト（2011）バーンズ亀山静子・金子晴恵（訳）学びのユニバーサルデイン・ガイドライン ver.2.0. 2011/05/10翻訳版］

2011)。

　近年、我が国の教育現場でも、このUDLの考え方を取り入れた授業を実施し、その効果を報告する研究が出始めている。例えば、千々和・納富（2012）は、小学5年生の2学級を対象に、算数科「分数」の授業を、Y組ではUDLの原理に基づいて実施し、Z組では通常のやり方で実施している。効果の指標は、授業の前後に実施した、分数の成績を測るテストの得点と、算数の学習に対する態度を測る質問紙の得点であった。分析の結果、分数の成績を測るテストでは、学級間で有意差はみられなかったものの、学習面にニーズがある児童に着目すると、UDLを実施したY組の3名は全員に成績の伸びが確認されていた（Z組の2名には全く成績の伸びがみられなかった）。一方、態度を測る質問紙については、取り組みに対する意欲と、算数学習の意義の実感の側面において、UDLを実施したY組の方が、得点の伸びが有意に大きかった。この他の研究として、井上・綿巻・内野（2015）では、小学校4年生の1学級において、国語科「三つのお願い」全9時間のはじめの3時間をUDLの原理に基づいて実施している。効果の指標は、担任教師からみて学習面にニーズがあると思える児童8名（男3、女5）の授業参加行動の変化であった。授業参加行動の測定は、1授業の40分間を10区間に分け、各区間の終端時の児童の行動を記録する方式でおこなっている。分析の結果、UDL授業を実施する前と比べて、8名中5名は授業参加行動のレベルが高まり、レンジ（変動幅）も小さくなったことが確認された。その結果をもとに、井上ら（2015）は、UDL授業が、児童の授業参加行動の安定性を高めることに寄与する可能性を指摘している。

② **日本で発展してきているユニバーサルデザインによる授業づくり**
　我が国においても、ユニバーサルデザインの考え方を授業に取り入れようと提唱されている。その考え方は複数あるものの、「どの児童生徒もできる・わかる」授業が目標に掲げられている点は共通している。例えば、桂（2014）は、ユニバーサルデザインを、「学力の優劣や発達障

害の有無に関わらず、全ての子どもが、楽しく「わかる・できる」ことを目指して「工夫・配慮」する通常学級における国語授業のデザイン」と定義した上で、次の3つの要件、つまり「授業を焦点化する」「授業を視覚化する」「授業で共有化する」をふまえて授業を計画することの重要性を指摘している。涌井（2014）は、「ユニバーサルデザインな授業とは、すべての子どもがわかる・できることを目指した授業であり、一人一人の学び方の違いに応じて、いろいろな学び方が選べる授業である」と定義した上で、学び方を子どもに意識される側面と、小グループでの協同学習の側面とを組み合わせた授業を提案している。阿部（2014）も、ユニバーサルデザインの授業の特徴として、「その授業には、「引きつける」「むすびつける」「方向づける」「そろえる」、そして「『わかった』『できた』と実感させる」」という特徴があることを指摘している。

　ユニバーサルデザインの考え方を授業に取り入れる手立てに関しては、小貫・桂（2014）が詳細な整理をおこなっている。彼らは、児童生徒の視点から授業を4つの層で捉えて、児童生徒が各層での課題を達成できるように工夫や支援をおこなうことが重要であると指摘している。その4つの層とは、「参加」、「理解」、「習得」、「活用」、である。これらの層には順序性があるため、教師には、まずは、児童生徒が「参加」という課題を達成できるよう図ることが求められるという。

　このように、我が国でも、ユニバーサルデザインの考え方を取り入れた実践がおこなわれ始めているが、その効果の実証的検討はこれからといったところである。そこで、以下では、筆者が関わった小学3年生の1学級での事例（小貫・桂（2014）の枠組み（図2-3）をふまえて授業実践をおこなった事例）をもとにその効果を検討する。なお、筆者は研究者という立場から、対象学級の担任教師に、授業づくりに関する助言をおこなう形で本事例に関わっている。

【小貫・桂（2014）の枠組みに基づく実践の効果の検討】
　対象学級について　公立小学校の3年生、児童37名の学級である。担

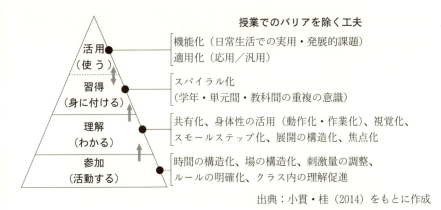

図2−3 ユニバーサルデザインによる授業づくりの枠組み

任教師と管理職職員との話の中では、授業の中で特別な支援を要する児童（以下、「要支援児」と表記）が8名いるとの報告があった（ここで言う特別な支援を要する児童という言葉は、文部科学省（2012）の調査に使われた質問紙の中の、授業参加行動に関連する9項目のいずれかに関する問題を有しており、教師による支援を継続的に必要とする児童、という意味で使用している）。指導開始前におこなった実態把握のための観察の中では、私語が多く教師が注意する場面が度々みられるという特徴や、発言する児童がやや固定化しているという特徴がみられた。また、ある児童が発言すると、周りの児童達が、その発言に対して、「いいですよ」と応答する場面が頻繁にみられるという特徴も確認された。

指導の方針　担任教師との協議の中では、教師は、「自分で考える場面」と「意見を出し合い考える場面」の両方で児童がそれらに主体的に取り組めるようになって欲しいと思っているものの、そのための手立てを手探りで模索している状態であるということがわかった。実態把握のための観察の中で、そもそも授業規律が十分に確立されていない（学級の中で共有されていない）実態が観察されたこともふまえると、まずは、第一の層である「参加」（図2−3）という側面での工夫を取り入れる

必要があると考えられた。そこで、「ルールの明確化」に焦点を当て、その観点から指導をおこなうことを担任教師に提案し、どのようなルールを児童達との間で共有することが重要になるかを一緒に考えた。その結果、「自分で考える場面」では「自分の考えとその理由を明確にする」というルールを、「意見を出し合い考える場面」では「人の意見を聞く時は、自分の考えと、同じなのか、似ているのか、違うのか、を考えながら聞き、発表する時は、それを表明して発表する」というルールを、それぞれ共有できるように指導することが決まった（図2－4）。

　指導方法　指導では、教師が、「自分で考える場面」と「意見を出し合い考える場面」のそれぞれの場面での参加の仕方に関するルール（図2－4）を児童に提示し、児童がそのルールに則って授業に参加できるように働きかけていった。最初の1か月間は、どちらの場面でも、とにかく、ルールの遂行を徹底して促していく、という形での指導をおこなっ

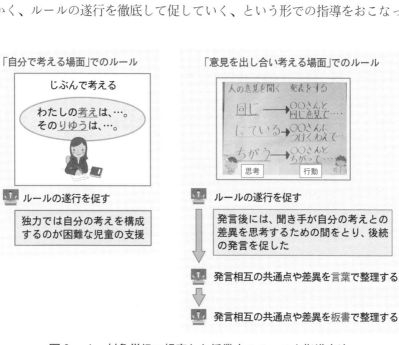

図2－4　対象学級で提案した授業中のルールと指導方法

た。そして、「意見を出し合い考える場面では」、ルールがある程度共有され始めた頃からは、ルールの徹底と同時に、教師が、児童の発言相互の共通点や差異を言葉で整理したり、板書上で整理する、といった働きかけも重点的におこなっていくようにした。

　指導の効果の検証方法　「自分で考える場面」と「意見を出し合い考える場面」における児童の変化を観察するために、指導を開始した週から、週に1日、1校時分の授業観察を継続しておこなった。以下では、2学期が終了するまでの間におこなった11週分の授業（11回の授業）を分析した結果を記す。

　結果1：「自分で考える場面」での変化　取り組みを開始する以前から、学級の約7割（26名）の児童は「自分で考える場面」で自分の考えをノートに記入できていた。しかし、その過程では、他児とのおしゃべりや手遊び等もみられていた。「自分で考える場面」でのルール（思考の仕方）を提示し、指導し始めると、他児とのおしゃべりや手遊びが一挙に減った。加えて、それまで自分の考えをノートに記入できていなかった3割の児童も、素朴なりにも自分の考えをノートに記入できるようになった。指導開始3週後には、ほぼすべての児童が自分の考えをノートに記入できるようになっていた。

　結果2：「意見を出し合い考える場面」での変化　「意見を出し合い考える場面」のルールを提示し、指導し始めた当初は、未だ、他児の発言に対して「いいですよ」と反応する児童の姿が見られた。つまり、それまで教室内で共有されていた既存のルールと新たなルールの間で戸惑う児童の姿が見られた。しかし、2週間が経った頃からは、「いいですよ」という反応はほとんど消失し、他児の発言に対して「同じで」、「似ていて」、「違って」と言いながら挙手する児童の姿がみられるようになり、徐々に、児童が互いの考えに付け加え、質問、反論をしながら授業が進んでいくようになった。

　発言する児童の多様化も確認された。特別な支援を要する児童8名の

うち3名は、指導開始1～2週目以降のほぼ全ての授業で自発的な発言が確認された（この3名は、事前観察の5回の授業で1回しか自発的な発言が確認されなかった1名と、まったく自発的な発言が確認されなかった2名である）。残り5名のうち2名は11回の授業のうち4～6回の授業で自発的な発言が確認され、3名は2回の授業でそれぞれ自発的な発言が確認された。なお、この要支援児8名を除く児童29名の中に、事前の観察でまったく自発的な発言が確認されなかった者が11名いたが、そのうちの9名には、少なくとも1回以上の授業で自発的な発言が確認された（自発的な発言が確認された授業の回数は、7回が1名、6回が1名、3回が3名、2回が2名、1回が2名、だった）。

考察　以上のように、本事例では、授業のユニバーサルデザイン化の第一段階である「児童の授業参加」を促進する手立てとして、授業への参加ルールの共有化に力点を置いた指導をおこなった結果、指導開始から3週間が経過した頃には、大きく3つの変化が示された。

第1に、学級のほぼすべての児童が「自分で考える場面」では自分の考えをノートに記入できるようになった。それまで自分の考えをノートに記入できていなかった3割（11名）の中には、独力では十分に自分の考えを構成することが困難な児童、つまり、要支援児8名が含まれていた。「自分で考える場面」でのルールを提示する前までは、担任は、おしゃべりや手遊びの対応に追われ、彼らへの学習支援までは十分に手が行き届いていなかった。だが、ルール導入後は、児童のおしゃべりや手遊びが減ったことで、担任は要支援児への学習サポートに専念できるようになっていた（図2－4）。つまり、教師と児童、児童どうしの間で「自分で考える場面」でのルールが共有されたことで、担任に、要支援児をサポートするための時間的・精神的余裕が生まれ、そのことが、ほぼすべての児童が自分の考えをノートに記入できるようになるという変化に繋がったという可能性が示された。

第2に、他児の発言に対する「いいですよ」という応答が消失し、発

言する際に他児の発言に関係づけて発言する児童が増加した。この変化は、教師が指導した「意見を出し合い考える場面」でのルール(「他児の発言を聞く際は、自分の考えと「同じ」「似ている」「違う」のどれに該当するかを判別しながら聞くとともに、発言する際はそれを表明した上で意見を言う」)が、教師と児童、児童どうしの間で共有されたことを示している。

第3に、特別な支援を要する児童と、それまで自発的な発言がほとんど見られなかった児童に自発的な発言がみられるようになった。対象学級では、指導開始前までは、他児の発言に対して、周囲の児童が「いいですよ」と応答することが頻繁にみられていた。言い換えれば、発言児の発言内容が正解であるか否かを周囲の児童が評価する応答パターンが根強くみられていた。もしかすると、指導開始前の授業では、「正解を発言することが重要」という暗黙のルールが教室内で共有されており、そのことが発言児の固定化という現象を引き起こしていたのかもしれない。だとすれば、そのようなルールが消失したことが、この第3の変化に繋がったと解釈することもできよう。また、発言の機会(「意見を出し合い考える場面」)は、基本的に、「自分で考える場面」の後に設定されていた。従って、この第3の変化には、「自分で考える場面」で、ほぼすべての児童が自分の考えを構成できていたことも強く関係していたと考えられる。

以上のように、対象学級では、授業中のルールを共有化する指導によって、特別な支援を要する児童の授業参加行動に肯定的な変化が生じたことが確認された。本事例の結果は、授業の中での思考の仕方や振舞い方を明示的に示し、その共有化を図る指導をおこなうことで、授業のユニバーサルデザイン化の第一段階である「児童の授業参加」を促進することが可能になることを示していると言える。ただし、本事例では、残る3つの層「理解」「習得」「活用」の側面での指導については検討できていない。今後、これらの層と結びつけた指導をおこない、その効果を検

証していくことが必要である。

(3) まとめ

本項では、学び合う授業づくりと、ユニバーサルデザインの考え方を取り入れた授業づくりに関する知見を整理してきた。どのような背景からその授業づくりが提案されてきているかに関する違いはあるものの、どちらの授業づくりも、児童生徒が、授業の中で主体的に学ぶことを大事にしている点は共通している。よって、今後は、授業づくりの手立てに関する知見を統合し、その共通点や差異を明確にする作業が必要であると考える。そのような作業を通して、特別な支援を要する児童生徒が在籍する通常の学級での授業づくりを、より効果的に進めていくための手立てを洗練させていくことができるだろう。

（尾之上 高哉）

❖引用・参考文献

阿部利彦（2014）．教科教育における「授業のユニバーサルデザイン」．柘植雅義（編著）．ユニバーサルデザインの視点を活かした指導と学級づくり．金子書房, pp.29-40.

Carroll, J.B. (1963). A model of school learning. *Teachers College Record*, 64, pp.723-733.

CAST (2011). *Universal design for learning guidelines version 2.0.* Wakefield, MA: Author.（キャスト（2011）．バーンズ亀山静子・金子晴恵（訳）．学びのユニバーサルデザイン・ガイドラインver. 2.0. 2011/05/10翻訳版.）

千々和知子・納富恵子（2012）．小学校算数科におけるユニバーサルデザイン授業の試行：児童の学業達成，算数科への態度と学習的適応における効果．教育実践研究, 20, pp.247-254.

中央教育審議会（2008）．幼稚園、小学校、中学校、高等学校及び特別支援学校の学習指導要領等の改善について（答申）．

Dillon (1994). Using Discussion in Classrooms. Open University Press.

Greenwood, C, R. (1991). Longitudinal analysis of time, engagement, and achievement in at-risk versus non-risk students. *Exceptional children*, 57, pp.521-535.

Hawe, E., Tuck, B., Manthei, R., Adair, V., & Moore, D.（2000）. Job satisfaction and stress in New Zealand primary teachers. *New Zealand Journal of Educational Studies*, 35, pp.193-205.

一柳智紀（2009）. 教師のリヴォイシングの相違が児童の聴くという行為と学習に与える影. 教育心理学研究, 57, pp.373-384.

井上亜衣子・綿巻徹・内野成美（2015）. 児童の授業参加行動を高めるためのユニバーサルデザインによる授業づくり. 教育実践総合センター紀要, 14, pp.97-106.

桂聖（2014）. 小学校・国語授業のユニバーサルデザイン. 柘植雅義（編著）. ユニバーサルデザインの視点を活かした指導と学級づくり. 金子書房, pp.57-65.

川俣智路（2014）. 国内外の「ユニバーサルデザイン教育」の実践. 柘植雅義（編著）. ユニバーサルデザインの視点を活かした指導と学級づくり. 金子書房, pp.8-19.

小貫悟・桂聖（2014）. 授業のユニバーサルデザイン入門. 東洋館出版社.

丸野俊一（2005）. 平成14～16年度　科学研究費補助金（代表・丸野俊一　基盤研究A（2））研究成果報告書　教師の「ディスカッション教育」技能の開発と教育支援システム作り.

松尾剛・丸野俊一（2007）. 子どもが主体的に考え、学び合う授業を熟練教師はいかに実現しているか：話し合いを支えるグラウンド・ルールの共有過程の分析を通じて. 教育心理学研究, 55, pp.93-105.

松尾剛・丸野俊一（2009）. 学び合う授業を支える談話ルールをいかに共有するか. 心理学評論, 52, pp.245-264.

文部科学省（2002）. 通常の学級に在籍する特別な教育的支援を必要とする児童生徒に関する全国実態調査.

文部科学省（2012）. 通常の学級に在籍する発達障害の可能性のある特別な教育的支援を必要とする児童生徒に関する調査結果について.

O'Connor, M. C., & Michaels, S.（1993）. Aligning academic task and participation status throught revoicing: Analysis of a classroom discourse strategy. *Anthropology and Education Quarterly*, 24, pp.318-335.

尾之上高哉・丸野俊一（2012）. 学び合う授業の実現に向けて、教師は如何に談話方略を運用しているのか. 教授学習心理学研究, 7, pp.39-55.

尾之上高哉・丸野俊一・松尾剛（2011）. 如何にしたら、児童達は、学び合う授業の中で「自分の考え」を積極的に発言できるようになるのか. 教授学習心理学研究, 8, pp.26-41.

Van Zee, E. & Minstrell, J.（1997）. Using questioning to guide student thinking. *Journal of the Leraning Sciences*, 6, pp.227-269.

坂本啓治（2012）. 心地よいバリアフリー住宅をデザインする方法. エクスナレッ

ジ．
涌井恵（2014）．協同学習で取り組むユニバーサルデザインな学び．柘植雅義（編著）．ユニバーサルデザインの視点を活かした指導と学級づくり．金子書房，pp.20-28.

3．イギリスにおける特別支援教育から学ぶこと －1－

(1) はじめに

　2014（平成26）年、我が国は障害者の権利に関する条約に批准し、特別支援教育はインクルーシブ教育システムへと移行していくことが謳われた（初等中等教育分科会, 2012）。今後の特別支援教育の方向性として、「同じ場で共に学ぶことを追求するとともに、個別の教育的ニーズのある幼児児童生徒に対して、自立と社会参加を見据えて、その時点で教育的ニーズに最も的確に応える指導を提供できる、多様で柔軟な仕組みを整備することが重要である」と示されている。

　さらに、同報告書の中で、ニーズのある子どもへの支援を実現していくための教職員と他の専門家が協働することの重要性が、以下の通り指摘されている。

　「特別支援教育により多様な子どものニーズに的確に応えていくためには、教員だけの対応では限界がある。校長のリーダーシップの下、校内支援体制を確立し、学校全体で対応する必要があることは言うまでもないが、その上で、例えば、公立義務教育諸学校の学級編制及び教職員定数の標準に関する法律に定める教職員に加えて、特別支援教育支援員の充実、さらには、スクールカウンセラー、スクールソーシャルワーカー、ST（言語聴覚士）、OT（作業療法士）、PT（理学療法士）等の専門家の活用を図ることにより、障害のある子どもへの支援を充実させることが必要である。」（初等中等教育分科会, 2012）。

　つまり、他職種と連携しながら子どもへの支援を実現していくことが、

今後より一層求められていると言える。しかしながら、校長のリーダーシップのもとに、教職員と他職種との具体的な連携をどのように促進し、学校における協働を実現していくのかについては、十分な検討がなされていない。

一方で、従来の障害カテゴリーを撤廃し「特別な教育的ニーズ（special educational needs）」という包括的な概念を打ち出し、世界のインクルーシブ教育を牽引する英国では、すでに多様な専門家との連携のもとにニーズのある子どもへの支援を実施している（熊谷, 2002）。そこで、本項では、英国の特別学校における教職員と他職種との連携に焦点をあて、筆者の訪問調査に基づき検討する。なお、訪問調査が英国教育水準局（Ofsted）による当該学校への学校評価の直後に実施されていたことから、Ofstedによる学校評価レポートも合わせて紹介する。

英国の学校評価は、教育技能省（Department for Education and Skill）から独立した政府機関であるOfstedにより実施され、①教育機関の監査、②教育技能大臣への助言の2つを大きな役割としている（小澤・木内, 2012）。学校評価はOfstedから派遣された監査員によっておこなわれ、「①児童生徒の成長（Achievement of pupils）」、「②指導の質（Quality of teaching）」、「③児童生徒の行動と安全性（Behavior and safety of pupils）」、「④リーダーシップとマネージメント（Leadership and management）」の項目ごとに、グレード1：優（outstanding）、グレード2：良（good）、グレード3：可（satisfactory）、グレード4：不可（inadequate）に等級づけされるとともに、文書による評価も公表される（小澤・木内, 2012）。

筆者は2014年7月25日、ロンドンにあるLink Primary Schoolを訪問したが、Ofstedによる学校評価は2014年7月5～6日であり、Ofstedによる訪問調査の20日後であった。OfstedによるLink Primary Schoolの学校評価レポートを見ると、4項目全てにおいて「優（outstanding）」と評価されており、全体評価も「優（outstanding）」であった。全10

ページにわたるものであり、各項目について評価の詳細についても記述されていた。「①児童生徒の成長」は11項目、「②指導の質」は11項目、「③児童生徒の行動と安全性」は7項目、「④リーダーシップとマネージメント」は11項目にわたり、評価の記述がなされている。

(2) Link Primary Schoolの学校評価レポートと訪問調査
① 学校の概要

学校のホームページによると、スピーチ言語障害に特化した学校で、75％が自閉症スペクトラム、25％がある種の言語障害、感覚障害である。在籍児童数は40人、全5クラスで各クラス8名の小規模の特別学校である。在籍する児童生徒は、すべて国や地方教育当局が責任をもって教育を提供する根拠となる判定書（statement）を保有している[1]。

② 協働とそれを支える仕組み
a．学校評価レポートにおける記述

学校評価レポートのうち、「④リーダーシップとマネージメント」の項目において、以下のように記述されていた。

「学校長を中心とするシニアリーダーは、極めて効果的なリーダーシップを発揮していた。彼女は全校にわたる指導の質の向上や児童の成長の促進において指導性を発揮していた。すべてのスタッフは最適な教育とケアをすべての児童に提供することに関与している。この向上に向けて共有された方向性は、学校が以前の監査から「優」の評価を維持し改善したことを確かに保障するものである。」

b．訪問調査から

学校長に、「良い学校を作る秘訣は何か？」と尋ねると、学校全体として、スタッフが協働して働くことを目指しており、これを可能にするシステムを作っているとのことであった。具体的には、週に2度、全教職員での朝食ミーティングがあり、そこで方針や週の課題等について情報交換され、クラスミーティングはクラスに関係する全スタッフで毎週

開催し、方針等について確認がなされている。これらのミーティングには、複数名の作業療法士、言語療法士も参加しているとのことであった。

教職員同士の連携と同様に、保護者と共同することも重視しており、保護者と共同して教育を進めないことには成果も生まれないので、保護者とのコミュニケーションは密にとるようにしているとのことであった。

③ 一斉指導の場面

a．学校評価レポートにおける記述

学校評価レポートのうち、「①児童生徒の成長」の項目で、以下のように記述されていた。

「教師およびセラピースタッフが多様なコミュニケーション方法を継続して使用しているため、コミュニケーションに関する児童の進歩は素晴らしいものであった。多様なコミュニケーション方法には、サイン、絵、シンボル、タッチスクリーンタブレットといったテクノロジーが含まれる。すべての方法は児童の学習上の進歩に効果的に寄与していた。その結果、スピーチ言語障害の困難性は小さくなっており、明瞭に話したり考えを説明する力の獲得につながっている。これらがすべての教科の学習にわたって、より楽しみながら従事することにつながっている。」

また、「②指導の質」の項目において、以下のように記述されていた。

「すべてのスタッフは教科や担当の児童について熟知していた。教師はセラピースタッフとの極めて効果的な連携の下で協働していた。これはすべての科目にわたる児童のコミュニケーションスキルの向上に寄与していた。これは、特にサイン、シンボル等の使用を通じて感じられたことである。」

b．訪問調査から

言葉「grow」に関する授業場面を見学した。教師は、正規教員と言語療法士の2名であった。8名のクラスであったが、課外活動と重なり、この日は児童3名のみの出席であった。growという言葉が含む、植物が育つ、人が成長するという複数の意味を教えようとしているようであっ

た。1単位の授業の中で、主指導者を交代しながら授業を構成していた。主指導を担当しない時は、支援の必要な児童へのサポートに入るとともに、生徒が発した言葉を教師用ノートに記録していた。

　教室前面の大型スクリーンにはスマートボードが映し出され、「植物が育つ」、「人が成長する」様子がイラストで示され、それをもとに正規教員が説明し、本読みがなされていた（**写真2－1**）。言語療法士は、お盆程度の大きさのトレイの上に、スプレー缶から出されるムースのようなものに絵の具を混ぜた教材で、花、茎、葉を描かせていた（**写真**

写真2－1　スマートボードに映し出された「grow」の意味に関するイラスト

写真2－2　ムースと絵の具で花の絵を描き、「grow」を体感する様子

写真2－3　児童の手元でのパソコンによる資料提示、および文字によるスケジュールの提示

2-2)。これは、ムースの中に花の絵を描き、花に関する言葉を児童から引き出すことをねらった活動であった。

また、一人の児童に対しては、児童の手元でのスケジュール提示、スマートボードと同じ内容を児童の手元に配置されたパソコンでみられるように配慮されていた（写真2-3)。

(3) 学校における協働を可能にする仕組み

教師と言語療法士が同じ教室で協働して授業を構成しており、その基盤となっているのが、学校長のリーダーシップのもとに実施されている朝食ミーティングやクラスミーティングによる日常的で細やかな情報交換であった。この協働のための仕組みは極めて単純ながらも、教師にとって具体的で分かりやすいことが奏効しており、学校全体としての協働を可能にしていると考えられた。

実際に、Ofstedによる学校評価レポートを見ても、授業において教師と言語療法士が連携して支援することが、児童に対して提供される支援のレパートリーの豊富さと適切性につながっており、児童生徒の教育効果も見られるとの評価であった。

Link Primary Schoolを訪問して印象的だったのは、多くの授業において、教師が常にノートを脇に置いて、生徒が発した言葉を記録していることであった。授業ごとのねらいが明確であるからこそ、教師が見るべき視点が明確になり、記録も可能になってくるということなのだと思う。さらに、この記録をもとにして、正確な情報に基づいた教師間でのミーティングにつながっていると感じた。

つまり、学校長によるリーダーシップのもと、教職員の協働を可能にするミーティングという場の設計がおこなわれ、そのミーティングにより個々の教師が児童生徒の進捗状況を捉える視点が明確化され、明確化されるからこそ日々の教育活動における記録へとつながり、その記録をもとにしてより正確な情報に基づいたミーティングへとつながるという、

学校における協働を実現する好循環が生み出されていると考えられた。

では、イギリスのリーダー研修のシステムについて、次のセクションで詳しく述べることとする。

（石橋　由紀子）

❖注
1) 判定書は、地方教育当局が責任をもって必要な資源の割り当てをおこなう上で、内容として示された事柄が必ず実行されなければならないという強制力をもつ（真城, 2010）ものであり、判定書を所持する児童生徒の教育目標達成に責任を負うことになる。この判定書については、真城（2010）に詳しい。

❖引用・参考文献
中央教育審議会初等中等教育分科会（2012）．共生社会の形成に向けたインクルーシブ教育システム構築のための特別支援教育の推進（報告）．
熊谷直樹（2002）．イギリスの特別なニーズ教育と「関連サービス」．特別なニーズとインテグレーション学会（編）．特別なニーズと教育改革．pp.217-231．
小澤至賢・大内進（2012）．英国の特別学校における学校評価の取組―英国のOfstedにおける取組を中心に―．国立特別支援教育総合研究所紀要, 39, pp.27-35．
Ofsted School Report Link Primary School.（http://reports.ofsted.gov.uk/inspection-reports/find-inspection-report/provider/ELS/133741）（最終アクセス2015.10.5）
真城知己（2010）．イギリスのインクルーシブ教育．発達障害研究, 32, pp.152-158．

4．イギリスにおける特別支援教育から学ぶこと　－2－

地域や学校の特別支援教育を推進するコーディネーターをはじめとする教師に求められる役割は、学校実践の推進、支援関係者の連絡・調整、マネージメント的役割など、多様性を増しつつある。この現状に対処するために、地域、学校内で「ビジョンを示しそのチームをまとめて動かすためのリーダー的役割を果たす人材の育成が急務」（八乙女・谷, 2015）

である。このような特別支援教育を推進するリーダーを育成するためには、まず学校における多様なリーダーシップの在り方や研修方法の検証が必要である。

筆者は2015年6月、リーダー育成、教員研修プログラムについての情報収集のため、イギリス・ロンドン近郊のサリー州の特別支援学校を訪問し、イギリスにおいてどのような取組みがされているのか、またどのようにリーダーシップがとられているのかを調査した。訪問先は、サリー州立特別支援学校であるThe Park School（軽度知的障害・発達障害児のための特別支援学校）とFreemantles Autistic School（自閉症特別支援学校）、アカデミー（日本の国立学校に相当）であるPond Meadow School（重度知的障害・肢体不自由児のための特別支援学校）の、3校である。

ここでは、これらの特別支援学校で採り入れられているリーダーシップの構造およびリーダー育成、教員研修について紹介する。それをふまえ、日本の特別支援学校におけるリーダー育成のための研修プログラム開発およびシステムづくりについて考察する。

(1) リーダーシップの構造

イギリスの学校では、どのようなリーダーをどのように育成するかは、各学校に一任されている。そのため、リーダーシップの構造や研修方法は学校ごとに異なり、工夫されている。The Park Schoolの学校長は、「教師は、教科を教える方法についての訓練は受けているが、リーダーになるための訓練は受けていないし、全ての教師がリーダーになれるわけではない。リーダー育成は、どの学校にとっても重要な課題だ」と話した。訪問した3校では、複数のメンバーからなるリーダーシップ・チームが構成されており、いずれの学校長も「私たちは常にチームでリーダーシップを図っている」と話していた。リーダーシップ・チームを構成する利点として、学校の方針を一つのミッションとして、メンバーが共有

できることが挙げられる。メンバーが共有することで、学校の方針が一本化される。これにより、個々の戦略がより効果を発揮することができると考えられる。このようなシステムは、一人の校長が長期間にわたってその学校の運営責任をもつことで維持、管理されている。イギリスの学校では、学校長の在任期間は長く、10年以上であることは珍しいことではない。このリーダーシップ・チームの構造は、このような背景を基盤とした仕組みであるといえる。

イギリスの学校では、学校長－副校長－校長補佐－ミドルリーダー（例えば、教科主任）といった構造を基本構造として、校長主導型リーダーシップがとられている。学校長は、その権限で独創的な運営が認められており、リーダーシップ・チームの構造や人事権もまた学校長にある。この構造などは、学校長の裁量やねらいによって異なり、学校運営に関わるビジネスマネージャーをチームメンバーに位置づけるなど、多様である。

The Park Schoolでは、次代リーダーを育成するための構造として、共同校長制を採り入れている（図2－5）。これは、学校長と副校長が週に半分ずつ交替で学校長を務め、副校長に次代リーダーとしての経験を積ませるものである。学校長主導のリーダーシップをとるイギリスで

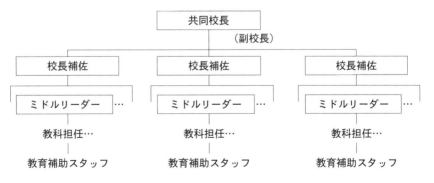

図2－5　The Park School におけるリーダーシップ・チームの構造

は、チームを主導する学校長が引退すると、後を引き継いだ学校長がそれまでのシステムを維持することが難しく、学校運営が滞ることがしばしばある。そのため、どのようにそれまでのシステムを維持するかは、どの学校にとっても大きな課題であるとの話であった。

　Freemantles Autistic Schoolのリーダーシップ・チームの特徴は、ミドルリーダーとしてキーステージ（イギリスの義務教育の教育段階。イギリスの義務教育では複数学年からなる段階が設定され、教科ごとに各段階の到達度が定められている。キーステージ1：5〜7歳、キーステージ2：7〜11歳、キーステージ3：11〜14歳、キーステージ4：14〜16歳の、4つの段階からなる）ごとに主任をおき、そのステージを担当する教科担任をサポートする仕組みを取り入れている点である。学校長によると、以前は教科ごとに主任をおく構造であったが、幼稚部から中等部までの広範囲を各教科主任がカバーすることが難しいという問題があったという。しかし、キーステージごとに主任をおくことで、主任が全教科の授業構成に責任を持つようになり、果たすべき役割が明確になったことでよりリーダーシップを発揮しやすいという利点がある。また、この構造は、各教師の精神的サポートにも有効である。

　このように、各学校のリーダーシップ・チームは、その学校においてリーダーシップを発揮する上で何が課題になるのかを検証し、その対処としてチーム構造を修正するかたちで作り上げられてきた構造である。このような成り立ちは、その学校に所属する教職員にその問題意識が共有されるため、積極的な協力の上で成り立っているといえる。

⑵　**研修システム**

　イギリスにおいて、各教師の専門性を高めるための研修は、各学校が責任を負っている。アカデミーであるPond Meadow Schoolの場合、州立学校などに比べて教員免許を持たないアシスタントや教員補助がスタッフの多くを占めている。そのため、特に教員研修の必要性が高く、

きめ細かなトレーニングが実施されていた。具体的には、授業終了後に毎日30分、週1回60分、全教職員参加のトレーニングが実施されている。加えて年5日間のトレーニング・デイにおいて高度な研修が実施されており、各スタッフのスキルアップを図っている。しかし、このようなきめ細かな研修を実施するには課題も多く、多くの学校では予算の確保が難しく、実施できていないというのが現状である。

The Park Schoolでは、1年度を1単位とする研修プログラムが組まれており、それが次年度へと継続していくCPD（Continuing Professional Development）のシステムがとられている（図2－6）。新年度の始まる9月までに目標が設定され、年度末までにその目標の到達度の評価（査定）がおこなわれる。この目標は、各教師個人の目標、カリキュラムについての目標、学校としての改善目標の3つが設定される。このうち、個人の目標達成のための研修は、ベテラン教師と若手教師がペアになって実施され、お互いに授業観察をおこない、意見交換とそれによる授業改善が図られる。このような協働による研修を実施することで、若手教師はベテラン教師からノウハウを学び、ベテラン教師は若手教師から新しいアイデアをとりいれることができるとの話であった。

1月には、年度初めに設定された目標内容の見直しがおこなわれるが、見直しのための評価はLearning Walks（学びながら歩く）によりおこ

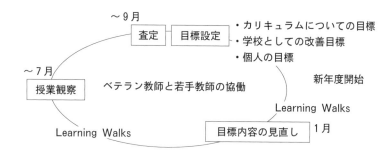

図2－6　The Park Schoolにおける教員研修プログラム

なわれる。これは、リーダーシップ・チームのメンバーが空き時間に教室などを回り、気づいたことを所定の用紙に記入することでおこなわれる。複数の教師が1枚の用紙に記入し、それを共有することで、教室の様子などを把握することができる。目標の見直しの後、7月までのLearningWalksと授業観察を通して、査定がおこなわれる。この査定は、次年度の目標設定に継承され、各教師は継続的な研修プログラムを通してスキルアップを図っていくことになる。

(3) ミッション・バリュー・ビジョンを共有するシステムづくりに向けて

　以上の3校の訪問を通して見えてきたのは、継続的なシステムの強みである。継続的な構造は、長期的なスパンの中で学校が直面する問題を明らかにし、先を見通した研修計画を可能にする。リーダーシップ・チームは、今、どの問題に取り組むべきかという学校の目標を明確に示すことができ、その他の教職員は、日頃自分たちが直面している問題にそれらの目標が直結していることで、問題意識を共有しやすい。研修システムについても、取り組むべき目標と問題意識が教職員全体に共有されているため、モチベーション向上にも有意義であると考えられる。また、年度ごとに目標を見直し、何が問題だったのか、どこまで達成されたのかを振り返り、それが次年度へと継承されていくことで、研修効果の積み上げになることが期待される。このように、学校および教職員が同じ問題意識の下で1つの目標を共有すること（ミッション・バリューの共有）が、リーダーシップ・チームや研修システムの維持に大きな役割を果たしていると考えられる。それはさらに、その学校が何を目指すのか、何を学校の強みとするのかという大きなビジョン（将来像）へとつながっていくのである。

　しかしこのシステムは、一人の学校長が長期間管理をおこなう構造ならではであり、日本の学校にそのまま適用することは難しい。これは、

メンバーの入れ替わりが頻繁な日本の学校では、各教師が様々な問題意識と目標をもち、ミッションとバリューを共有することが困難なためである。日本の学校において、各教師がミッションとバリューを共有するためには、まず各教師がその学校のビジョンを自分ごととして捉え、1つの目標に向かう基盤づくりが必要になるだろう。その基盤づくりためには、その学校がその地域でどのような役割を担うのか、学校そのもののビジョンを明確に示し、それを軸としたチームを確立することが求められる。そのチームにおいて、それぞれの教師が自らのミッションを学校のビジョンの中に位置づけていくことが、ミッション・バリュー・ビジョンを共有する学校づくりにつながるのではないかと考える。このようなチーム、学校づくりに力を発揮するリーダーの育成がより推進されることを期待したい。

（谷　芳恵）

❖引用・参考文献

八乙女利恵・谷芳恵（2015）．平成26年度部長研修報告－「特別支援教育における地域リーダー」育成の試み－．小・中学校における特別支援教育スーパーバイザー（仮称）育成プログラムの開発　中間報告書2014, pp.9-24.

第2節　地域支援の戦略と実践

1．シンガポールの障害者施策から学ぶこと

⑴　シンガポールの教育事情

　シンガポールは東南アジアのマレーシアに隣接する共和制国家である。
　東京23区とほぼ同じような面積の中に約550万人もの人が暮らす都市国家であり、華人、インド人、マレーシア人からなる多民族国家でもある。シンガポールの教育制度の特徴を示すものとして「ストリーム制」があり、子ども達は早くから試験によりコースや進路を振り分けられている。「能力主義」ともいわれるが、狭い国土、乏しい資源という国情から「国づくりをする上で、人材というものがもっとも重要な資源である」（第2代首相Goh Chok Tongの演説）というように教育に多くの予算を投入している。その教育制度はシンガポール教育省（MOE：Ministry of Education）が担い、国際数学・理科教育動向調査（TIMSS）でも常にトップを争う成績をあげていることからも一定の成果が示されていると言える。

　一方、シンガポールは国連の「障害者の権利に関する条約」について日本に先駆けて批准している。急激な社会発展をとげるシンガポールにおいて、以下に示すような障害者に対する施策、および特別支援教育の現状や地域連携の在り方について知ることは、今後の日本の地域システムづくりについても何らかの示唆を得るものと考える。

⑵　障害者施策の現状と特別支援教育

①　「SG Enable」

　2013年6月に、雇用に向けた障害者に対する訓練の機会を与えることを目的に設立され、障害者やその家族のエンパワメント、障害者に対す

る雇用機会の提供、地域への理解啓発をミッションとしている。病院など、様々な機関と連携をしながら、障害者に包括的な支援を提供することを目指している。インクルーシブ社会に向けイニシアチブをとる施設であり、健常者も迎えて障害者とともに過ごすことができる場である。今後、健常児と障害児の統合教育をおこなう幼稚園を設立する予定であり、他にもウェイター養成のためのレストラン、創作活動をおこなう場、司書養成のための図書館など、訓練のための施設などを改修予定である。

現在は政府からの援助を受けているが、将来的には、チャリティーなどの基金を得ようと考えている。対象となる障害種は、視覚障害、聴覚障害、肢体不自由、知的障害、自閉症スペクトラム障害等であり、知的に遅れを伴わない発達障害児者は対象となっていない（自閉症センターはあるが、知的障害のない発達障害者に対する就労支援機関はない）。

教育省、社会家族省（日本における厚生労働省にあたると思われる）と協力して、学校を卒業した障害者の雇用に関する相談をおこなっている。本人面接、保護者面接を通して、就労に関する情報提供、本人に合った職業の紹介、就労のための支援計画づくり等をおこなう。実際の訓練の機会を提供することもある。このような移行支援については、政府の補助金を得ながら、5校の特別支援学校と連携しておこなっている。

② 「SPD」

SPDは1946年11月27日に、社会法に基づいて登録設立され、1984年6月28日に、チャリティー法に基づいて、慈善事業としてのチャリティーコミッショナーとして登録されている。

SPDの使命は、障害者と協力して、そして障害者の可能性を最大限に引き出すこと、障害者がこの社会の中で自立して暮らしていけることで、ビジョンは、健常者も障害者も含む包括的な地域社会をつくるということであり、障害者が社会から孤立しないことを目指している。

サービス対象は身体障害（脳性麻痺、筋ジストロフィー、脳卒中、事故等による障害）、知的障害、成長障害、感覚障害といった、あらゆる

障害であり、対象とする年齢層は幼児から老人までと広い。これに伴い、サービス内容も極めて広範にわたっており、幼児期からのセラピー、学齢期における教育サービス、青年期から成人期における技術のトレーニング、ITのトレーニング、就労支援（アルバム等の製品制作と販売、パッケージ詰等の作業）等が含まれる。

　教育省の支援により、2011年10月にSPDに開設された「エピックセンター」を紹介する。センターでは、個々のニーズに応じて「エピックプログラム」というプログラムを提供している。エピックプログラムは幼児と子どもに対する初期の介入プログラムであり、子どもたちの可能性を最大限に引き出して成長を促す助けをすること、子どもが苦手とする分野も伸ばすこと、家族に対するサポートを提供することを目的としている。日本における療育センターの役割と考えられる。

　プログラムの対象は5歳以下で、学校や家庭からの申し出に応じてエピックセンターで検査を実施し、医師に障害があると診断された子どもとなっている。障害の種別としては、日本でいう発達障害の子どもを対象にしているようであった。個々人に提供されるプログラムのカリキュラムは、検査―評価―プログラミングするというシステム（アセスメントナビゲーションプログラムシステム（通称ANPS））に基づいて提供している。まず4週間をかけて子どもの行動や状態を観察し、その後検査を実施し、セラピスト、専門家等が子どもの今後6カ月のプログラムを決定し、6カ月間そのプログラムに沿って実施される。6カ月後に、再度検査をして、また次の6カ月のプログラムを計画して実施する。その間、教師はまずプログラムを作成し、週の最後に、プログラムへの子どもの反応や成長を見極め、良くないと判断されれば見直しをおこなう。

　このようなシステムは、養育者、エピックの教師、教師をサポートするサブ教師、セラピストやソーシャルワーカー（作業療法士、スピーチセラピスト、ビジュアルセラピスト）等の専門家がチームとして提供している。必要であれば、子どもの家族、地域の学校、幼稚園、医師や看

護師、心理学者もチームに加わることがある。学校の教師がセンターを訪れて支援の具体的な工夫を学ぶこともある。

③ 「NIE」

NIE（National Institute of Education：国立教育学院）はNTU（Nanyang Technological University：南洋工科大学）の一部になっており、教育者とも密接に連携しながら教師教育にあたっている。シンガポールで唯一、教員養成と教員研修をおこなっている機関である。

統計的には、学童期になる7歳から18歳の子どもの約2.5％が、障害があるということが報告されており、その2.5％のうちの約7,600人は普通校に入学する。そして残りの5,400人は特別支援学校に行く。NIEはそれらの教師に対する教育を施している。今のシンガポールで特別支援教育の教師になるには、学位を必要としないので、特別支援教育の教師になる人のなかには熱意を持って障害児に教えたいという人もいる反面、普通校の教師になりたかったのだけれども、そのプログラムを受けられない、資格がないためにこちらに来たという人もいるという問題がある。NIEとして力を入れていることは、特別支援教育の教師のレベルを上げるということと、特別支援教育の教員資格の中に学位を導入するということである。2015年にはシンガポール教育省として、教師になるためには全員が大学卒業でなければならないという資格基準を設ける予定である。

(3) シンガポールにおける障害者支援

シンガポールには障害者に対する法律というものはなく、障害者に対して提供されるサービスというのは一般的なものである。はっきりした法の下に規定はされていないという状況がある。視察当時（2013〈平成25〉年）は障害者7万3千人のうち、4〜5千人が雇用の機会を得ていた。企業に対して、障害者を雇用する義務を課すような法律はない。特別支援学校の卒業者は毎年約400人いて、そのうち25％は就労している。

障害者が就労するにあたり持っていると有利な資格として、Workforces Skills Qualifications（WSQ）とInstitute for Technical Education（ITE）の2つがある。シンガポールでは各学校段階で進学に向けた試験があり、小学校を卒業するための試験に不合格になった者がWSQを取得するための学校に進学する。小学校の卒業試験に合格し、高校で大学に行くための試験に不合格になった者がITEを取得するための学校に進学する。障害者年金がないため、働く場を確保することが非常に大切である。保護者が給料の一部を厚生年金のように貯蓄しておき、退職後に障害のある家族のために確保するシステムはある。さらに、障害者のための基金がいくつかある。就労できない障害者に対しては、週に数日、コミュニティセンターやデイケアセンターで過ごす機会を与えるなどの支援が国としてある。ちなみに、小学校1年生時点で未就学の児童は10名以下である。

シンガポールでの特別支援教育というのは、まず普通校（メインストリーム）に行けない子どもたちを対象としている。その障害というのは、あらゆる多様な障害を含んでおり、視覚障害、聴覚障害、自閉症、重複障害等、20校の特別教育をする学校がある。それらは教育省と、略してNCSS（National Council of Social Service）という、2つの団体によって資金提供され運営がおこなわれている。

日本では2013（平成25）年12月に「障害者の権利に関する条約」の批准の承認が参議院でおこなわれ、2014（平成26）年2月にようやく条約が発効された形になった。国連総会で採択されてから7年を要したことになる。日本はその間、内閣府における「障害者制度改革推進会議」、その後の「障害者政策委員会」の設置、教育の分野では「特別支援教育の在り方に関する特別委員会」での報告とりまとめなど、条約の批准に向けての準備を進めてきたことになる。「障害者に関する法律はない」という状況ながら、いち早く条約に批准したシンガポールとの違いが現れているように感じる。シンガポールは「障害者の権利に関する条約」

の批准を既成事実としてそこから、国としての障害者支援や特別支援教育への取組みを強力に進めようとしている。これは、シンガポールが日本の一つの都道府県レベルの大きさであることと、教育省のトップダウンが徹底しやすいシステムが出来上がっていたことによって可能となっているように考えられる。「SG Enable」の施設はあと2年余りで新しいものに生まれ変わるという。その時にはシンガポールの能力主義といわれる教育の中味もまた新しいものに生まれ変わる可能性すら感じる。

早期療育から就労までを見据えた総合的なシステムとそれを支える人材育成についても総合的に進めようとしているシンガポールの今後の障害者施策の進展は興味深い。

(小林 祐子・岡村 章司・石橋 由紀子)

2．発達支援室を核とした支援体制構築の試みから

(1) 地域における発達障害支援システムの構築

特別支援教育の実施から早9年が経過した。それぞれの地域で特色ある取組みが進み、発達障害を含めた支援の必要な子どものニーズに応じたきめ細かな実践が報告されるようになってきた。しかし、一方では保護者と担任が子どもの指導をめぐってトラブルになったり、若い担任が落ち着きのないクラスの指導に困り果てて休職したりする事例も耳にする。一人ひとりの教員の実践や学校・園の取組みを支え、より実りあるものにするためには地域全体の発達障害支援システムの構築が必要であることは明白である。

地域における発達障害の子ども達や保護者、担任を支援するシステムを構築する上では、まずその地域の特別支援にかかわるリソースの現状や課題を明らかにし、その地域の特性に合わせた地域支援のデザインの作成が必要である。

国立特別支援教育総合研究所では、プロジェクト研究として「発達障

害のある子どもの早期からの総合的支援システムに関する研究」をおこない、その成果として「発達障害支援グランドデザイン」として提案した。その中心メンバーである渥美・笹森・後上（2010）は、支援の一貫性を確保し、利用者が使いやすいシステムを用意するためには、関係する行政機関（保健・福祉・教育・労働等）が、一人ひとりの支援ニーズに対応した総合的な支援を相互に連携して統合的に取り組んでいけることが必要であり、このことが効率的に的確に実施されるためには発達障害者の支援を統括する機関の設置が必要であると述べている。統括・調整の役割として「全市町村ごとに関係諸機関の連携体制・ネットワークが整備されている」ことや「医療・保健・保育・教育・福祉等の統括・調整を行う組織があり、総合的な窓口が設置されている」ことが必要であるとも述べている。先進的に取り組んでいる地域事例として、市長部局福祉部に統括機能をもたせた例（滋賀県湖南市、京都府亀山市、鳥取県倉吉市）、教育委員会に統括機能をもたせた例（長野県駒ヶ根市、東京都三鷹市）などが紹介されている。トップダウン的に発達支援にかかわるセンターがつくられたり、縦割りではない横断的な行政の連携が進んだりすることで支援のシステムが整っていくことは当然考えうることであるが、どこの地域でもそれが実現するとは限らない。障害児者への連続した支援が既存の行政組織の中でどのように進んでいくべきなのか、統括・調整は誰がどのようにおこなっていくべきなのであろうか。

　本項においてA市におけるボトムアップ的な地域システム作りの方策を明らかにすることは、全国で同じようにより良いシステム作りを模索している発達障害にかかわる人たちにとって1つのモデルになるものと確信している。

(2) **A市の概要**

　A市は人口約5万人（約1万9千世帯）の小都市である。年間の出生数は約400人、その子ども達が8つの小学校、4つの中学校へと進学し

ていく。1979（昭和54）年の養護学校義務制以前に設立された市立の特別支援学校をもっている。小都市でありながら市立の特別支援学校を持つという、特別支援教育の推進においてはある面、恵まれた環境にある。就学前の保育施設としては14の保育所があり、そのすべてが民間の保育所である。幼稚園は2園あり共に公立で、その卒園児の多くが幼稚園に近い小学校に進学する。

　A市の教育におけるキャッチフレーズは「脳科学と教育」である。「前頭前野を健康に育てるのが教育」と捉え、妊娠中の「未来のパパママ教室」から始まり「7〜8ヶ月児教室」、保育所・幼稚園での「いきいき子育て教室」など就学前にも「脳を育てる」として情報発信をおこなっている。また、学齢期には漢字、計算、なわとびなど独自の検定制度を設けて「脳を鍛え、学力向上を進める」とし、外国語教育、理科教育、ICTの活用等にも近隣の他地域に先駆けて精力的に取り組んできている。ある面、教育に非常に熱心な地域といえる。特別支援教育についていえば、すべての小中学校に特別支援学級があり、約2％の児童生徒が在籍している。生活支援教員による通級指導は小学校2校、中学校1校に設置されており、教員が自校と複数の学校を回るシステムをとっている。特別支援学校が教育相談の窓口になっているが、現在は就学に係る相談が中心になっている。2012（平成24）年に文科省がおこなった「通常の学級に在籍する発達障害の可能性のある特別な教育的支援を必要とする児童生徒に関する調査」では6.5％と言われているが、A市においても担任が「気になる」と捉えている児童生徒は約8％（A市教育委員会調査）となっている。

　一方、健康課、社会福祉課がおこなう早期からの母子健康支援についても図2−7のように、さまざまな取組みがなされ、きめ細やかな体制がとられているように思える。健康課、社会福祉課、子育て支援課、教育委員会それぞれが必要な支援をおこなってはいるが、それがより有効な切れ目のない支援となるためには、それらをつなぐもの、調整の機能

第 2 章 地域支援における新たな方向性 99

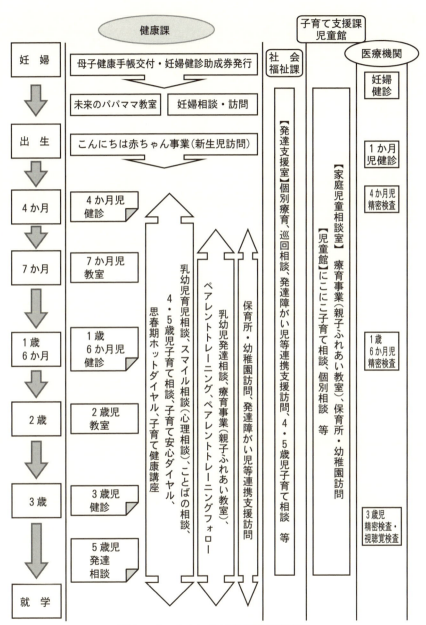

図 2 − 7 　A 市における母子保健事業

を担う場所が必要といえる。

　4月、初めて社会福祉課の「発達支援室」に個別療育を希望して来られた就学前のお子さんをもつ保護者の言葉を紹介する。

　「今まで、保健師さんにいろいろお世話になって、他市の療育も受けてきたんです。でも来年から小学校に行くときになったら、お母さん、これからは自分で動かないとだめなんですよと言われました。とても不安なんです。」

　この言葉に象徴されるように、保護者にとっては縦割り行政でおこなわれている支援サービスのわかりにくさや利用のしにくさがあると考えられる。A市は民間業者のおこなう療育等の社会福祉サービスが少ない地域である。A市の既存のリソースを活かし、地域の特性に応じた、切れ目のない連続した支援をつくり上げていくことの必要性がうかがえる。

(3) 連携のチーム作り
① 「発達支援室」の開設

　2013（平成25）年4月、A市に「発達支援室」が誕生した。「発達支援室」として地域の統括・調整をおこなっている例としては滋賀県湖南市が先進地域として挙げられるが、A市の場合「支援室」と言っても、社会福祉課の障害者相談支援センターの一角に机1つでのスタートであった。そこに筆者（特別支援教育士SV）と臨床心理士の2名が発達支援コーディネーターとして配属された。机1つとはいえ、「発達支援室」「発達支援コーディネーター」という名前がついたことが大きな一歩と考えられる。地域支援の具体的な実践や発信のキーステーションがはっきりと明示されたのである。

　A市のもっているリソースのメリットとして、もともと人のつながりが密接であったことが挙げられる。教育委員会の指導主事と社会福祉課の保健師が連絡を密にして、6年前から社会福祉課の予算で言語聴覚士による個別療育をおこなっていた。個別療育の対象には社会福祉課の範

疇から外れた学齢期の子どもも入り、言語聴覚士が園や学校への巡回指導もおこなっていた。そんなつながりがある中に、今年度から臨床心理士と、以前から市の就学指導委員や教育相談員として巡回指導に携わってきた元教師（筆者）の2名が加わったのである。

A市の支援体制作りに向けてコアなメンバーである4名からスタートした「発達支援室会議」では、A市の現状についての共通理解や、今後の支援体制についての協議がおこなわれた。会議の中で出たA市の強みと弱みをまとめたものが表2-4である。A市の持っている強みを活かし、弱みをカバーできるような支援体制づくりが必要であると考え、まず、人のつながりを活かしながら「発達支援室」を核として、それぞれの課のおこなう事業を通して連携し、つながりの強化を図る取組みをおこなった。主な内容は表2-5の通りである。

表2-4 A市における「発達支援室会議」における協議内容のSWOT分析

A市の強み	A市の弱み
・人のつながりがある（教育委員会と社会福祉課） ・市の規模が小さく相談しやすい。 ・健康課・子育て支援課とのケース会議をやっている。 ・社会福祉課が療育の予算を持っている。 ・個別療育事業で幅広い年齢に対応している。 ・4・5歳児健診問診票の回収率100％（園経由） ・各学校の学力向上への意識が高い。 ・計算や漢字の検定制度を取り入れ基礎学力向上を図っている。 ・市立の特別支援学校がある。 ・A市発達障害児支援連絡会ではいろいろな支援者と連携している。	・教育委員会の使える予算が乏しい。 ・社会福祉課、健康課、子育て支援課がそれぞれに動いている。 ・特別支援学校のセンター的機能が果たせていない。 ・支援を要する児童生徒が年々増加している。 ・保育所がすべて私立で、公立の幼稚園との連携が図りにくい。 ・療育の部屋が狭い。 ・医療との連携が図れていない。 ・病院内に検査のできる臨床心理士がいない。 ・特別支援教育の専門家が少ない。 ・管理職研修ができていない。
チャンスとなる外部要因	脅威となる外部要因
・親の会が自主的に活動している。 ・兵庫教育大学、国立特別支援教育総合研究所と連携している。	・近くに利用できる発達支援センターがない。 ・民間の発達障害支援事業所がない。

市においてはインフォーマルな会議の域を出てはいないのが現状である。しかしながら、「発達支援室」がキーステーションとなり各課の連携が進み、具体的な発達障害支援が推進されてきた。まさに、統括・調整の場としての役割を果たしてきたといえる。

表2−5　A市「発達支援室」を核とした主な取組み

幼児・小中学生対象の個別療育（社会福祉課）
小中学校・保育所・幼稚園巡回（社会福祉課）
早期支援に向けた保育所・幼稚園訪問（子育て支援課・健康課）
早期発見に向けた4・5歳児発達相談（健康課）
移行支援として　社会性に課題のある幼児対象グループ療育
移行支援として　小学校1年生学級訪問と担任相談
移行支援として　小学校2年生への読み書き検査の実施と担任相談
市の就学指導委員会、就学にかかわる連携委員会への参加
小児科ドクターとの医療的ケアが必要なケースについての連絡調整
「発達支援室」から発信する発達障害支援にかかわる研修会
「市内小・中学校特別支援教育コーディネーター研修会」
「特別支援にかかわる支援員（スクールアシスタント）研修会」
「学童保育指導員研修会」
「保育協会主催、保育士研修会」
「通級担当者研修会」

(4)　A市における移行支援　早期療育・早期相談システム

具体的な発達障害支援としてA市が取り組んでいる移行支援のプログラムを紹介する。全体の流れは図2−8に示すとおりである。

図2−8　A市における移行支援の流れ

① 保育所・幼稚園への連携支援訪問

A市では、以前から子育て支援課の家庭児童相談員による保育所・幼稚園への訪問がおこなわれていた。その目的は家庭の養育に課題のある

幼児の発見、虐待の未然防止であった。数年前からは母子保健を中心に子どもの健診等の情報を持っている健康課の保健師が参加し、成長発達の状態の観察も含めた訪問として実施していた。2013（平成25）年度からは早期からの相談支援の一環として、発達支援室の発達支援コーディネーター、教育委員会の指導主事、通級担当、市の就学指導担当教員も参入し、就学に向けて、より早期に幼児期の様子や保護者のニーズ等をつかめるようになってきた。また、定期的な訪問により、保育所・幼稚園の職員の子どもの状態に対する気づきの視点も高まってきた。

② 5歳児発達相談

A市では健康課のおこなう子育て支援の一環として、2013（平成25）年度から「5歳児発達相談」を実施している。目的は「乳幼児健診で発見することが難しい軽度の発達上の問題、社会性の発達における問題を確認することで、保護者が子どもの特性に気づき、子どもに応じた子育てができるように支援する。また地域の関係者が連携を図り、就学前の子どもや保護者が適切な支援が受けられる体制を整備する。」となっている。

市内在住の全4・5歳児の保護者に、通園している保育所・幼稚園を通じて問診票を配布し（市外保育所園通園児、未就園児は郵送）、担任する保育士にも同様の問診票をつけてもらうことで相談対象者をピックアップする形をとった。問診票の項目については事前に保育所向けの説明会をおこない、できるだけ同じ基準でチェックができるようにした。

問診票の回収率は市内保育所・幼稚園に在籍している幼児については100％であった。保育所・幼稚園を経由しての回収方式をとったため、回収が徹底されたとも考えられるが、早期療育、早期相談についての保護者の関心の高さもうかがえる。また、保育士が自分のクラスの全4・5歳児をチェックしたことで子どもの様子を改めて整理できたとの感想が寄せられた。

問診票の点数が保護者・保育士それぞれ高い幼児を相談対象児とし、

保健師が園訪問をおこなって様子を観察し、要支援児としてあげていった。要支援児については、発達支援室の発達支援コーディネーター、保育士、言語聴覚士、保健師、教育委員会による「4・5歳児子育て相談」へとつないだ。問診票による要支援児は割合で見ると約8％となっていた。保護者の中には保健師の勧奨を受けても相談に来ないケースも少なくない。それらのケースについても経過をていねいに追いながら、支援の必要度が増した時に保護者や保育所・幼稚園・学校が相談できる体制をつくっていくことが重要である。小枝（2007）は5歳児健診を健診だけでなく、その後におこなう事後相談を一つのパッケージとして母子保健活動の核にしていくことを提案している。継続的な保育所・幼稚園への巡回相談や移行支援を実現するため、2015（平成27）年度には「発達支援室」に教育委員会予算で「早期支援コーディネーター」を配置し、継続的な保育所・幼稚園巡回を開始した。

　③　グループ療育

　個別の療育をおこなう中で、1対1の指導場面では、落ち着いて課題に取り組めるが、集団の中では指示が聞けず、集団から逸脱してしまう幼児に対する移行支援の必要性を実感してきた。これらの幼児が小学校の通常の学級に入学するにあたって、スムーズに進学できるように子どもの状態を把握し、保護者、学校関係者が連携して移行支援に取り組めることを目標にして小集団による「グループ療育」をおこなうことにした。対象児については個別療育に参加している就学前児の中で、特に集団の中での行動に課題があると思われた幼児、「5歳児発達相談」で要観察とされた幼児、就学相談の対象となり通常学級に進学することになった幼児等とし、保護者に案内状を送付した。グループ療育は小学校入学前の2月から入学後の7月まで実施し、月1回、保健センターを会場としておこなった。主な指導内容は表2－6の通りである。指導には発達支援室の発達支援コーディネーター（臨床心理士・特別支援教育士SV・臨床発達心理士）、教育委員会指導主事、社会福祉課・健康課保健師・

表2-6　グループ療育の内容

回	月	はなす・きく	かく・つくる	あそぶ	ふりかえり
1	2月	自己紹介 いくつあるかな	迷路	音あてあそび 風船ゲーム	楽しかった事発表
2	3月	数字 色の名前	折り紙工作 もようづくり	ジェスチャー 新聞破り	楽しかった事発表
3	4月	野菜と果物 すきな食べ物	ビーズつなぎ	ひらがな 神経衰弱	楽しかった事発表
4	5月	すきな野菜 はんたいことば	パクパク 人形づくり	いくつの音 かな	楽しかった事発表
5	6月	ものの数え方	紙ヒコーキ 飛ばし	すごろく	楽しかった事発表
6	7月	お店の名前	いろんな素材で つくろう	カルタとり	楽しかった事発表

特別支援学校のコーディネーターがあたった。

保護者の不安解消のためのプログラムとして、児童のプログラムとは別に「保護者プログラム」を実施することとした。保護者プログラムは、全体の療育の後半に別室で保護者のみにおこない、主に元小学校教員である発達支援コーディネーターと教育委員会学校教育課指導主事が担当した。内容は　a．グループ療育のねらいと概要　b．小学校進学前の準備　c．入学後の様子の確認　d．学校観察の様子報告　e．個別の相談　f．小学校のコーディネーターとの面談とした。

6回のプログラムの終了後、保護者に対してアンケート調査をおこなった。アンケートの項目は、a．プログラム内容への満足度、b．グループ療育の回数への満足度、c．保護者プログラムへの満足度、の3点である。

結果は、**図2-9**の通りである。内容と保護者プログラムについては多くの保護者が満足、ほぼ満足という結果であった。主な理由については保護者アンケートの記述を**表2-7**に示す。進学先の小学校の担任やコーディネーターにも参加してもらい、保護者との面談の機会を設けたことが保護者の安心感と満足感を生み出していた。

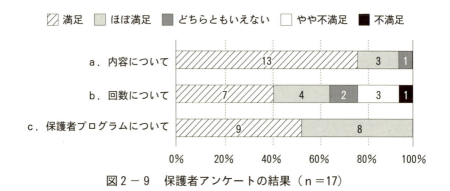

図2-9　保護者アンケートの結果（n＝17）

表2-7　保護者アンケートの記述内容

内容に対する記述
- いろいろなプログラムがあり、毎回楽しそうだった。
- 他校の友達との交流が楽しい様子だった。
- 保育所と小学校では、することが違っていたりするので少し前にきっちりと教えてもらって、本人も入学してスムーズに過ごせたのではないかと思う。
- 小学校とは少し違って少人数で、子どもにとってとても分かりやすかった。
- 指導者の話し方や子どもへのかかわり方が参考になった。
- 小学校入学への不安があったが、親も子も心強くいられた。
- グループの中での子どもの様子が見られてよかった。

保護者プログラムに対する記述
- 子どもの気になる所を聞いてもらい、他の保護者の方とも話ができ、みなさんも自分と同じ事で悩まれていることがわかって少し安心した。
- 学校と連携が取れて、情報もすべて学校側に伝わっているので安心だった。
- 小学校での具体的な内容を相談でき、学校でも子どもに対して目をかけてもらっていることがわかって、安心し、嬉しかった。
- 普段は忙しいのでなかなか聞けない話をいろいろ聞けて良かった。

　グループ療育の回数に対しては評価が分かれており、記述から見る保護者の意見としては「もう少し回数を多くしてほしかった。始める時期をもう少し早くしてもらうと準備がしやすかった。7月に終わらずに1年生の終わりごろまで続けてほしかった。」というものであった。スムーズに学校生活がスタートできたことに安心しながらも、まだまだ不安に思う気持ちがあることがうかがえた。保護者への支援体制として、いつでも、何度でも、継続的に相談できるような場所の存在が必要であるこ

とを実感した。

グループ療育で見られた子どもの様子は、行動のアセスメントシートとして小学校に届け、個別の指導計画にも活かしてもらえるようにした。

④ 小学校1年生学級訪問

グループ療育の実施に合せて、個別療育やグループ療育に参加している児童の学級を訪問し、授業の観察と1年生担任へのコンサルテーションをおこなった。

訪問時期は5月から6月であり、訪問者は「発達支援室」の発達支援コーディネーターである。授業観察の観点は、対象児の様子だけではなく、教室環境、授業方法、学級全体の子どもの様子など多岐にわたっており、担任へのコンサルテーションも幅広い内容でおこなわれた。これは、訪問者である発達支援コーディネーターが元々小学校の通常学級担任であり、通常学級の授業内容や授業方法、学級づくりについての知識と経験を持っていたことにもよる。

訪問後、1年生担任を対象に訪問の効果について5件法による評価と記述による調査を実施した。訪問先の1年生担任の全員が訪問は効果的・ほぼ効果的と答え、効果的だったと答えた内容は**図2-10**の通りである。指導のヒントや授業づくりへのヒントが得られたとの回答が多く、自由記述では、**表2-8**に示す通り子どもの見方の変化や指導方法の工夫について具体的に述べられていた。

小学校の通常学級担任経験者である発達支援コーディネーターが授業を参観し、具体的な授業場面での子どもの様子や、学級全体の子どもどうしのかかわり、授業方法などについて担任と話し合う場をもつことで、担任の気づきを促し、子どもの見方や指導方法の変化が生まれたと考える。古谷（2011）は「対象の子どもの現在に至るまでの成長等の過程を知っている機関」「対象の子どもの現在の状況を知っている機関」「将来的に対象の子どもを支援していく機関」の3つの機関が連携して巡回相談に関わることにより、対象となる子どもの教育的ニーズに応える支援

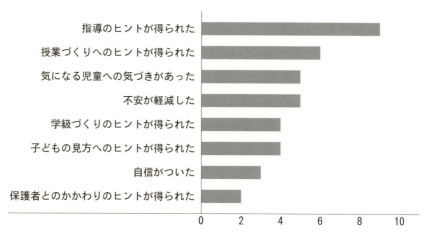

図2-10　1年生担任が効果的だったと捉えた内容（n＝11）

表2-8　担任へのアンケートに見られた記述

- 子どもが困っているという視点から考えられるようになった。
- 苦手なところが具体的にわかったことで、"やらない、しない"のではなくて、やろうとしていても「わからない」「できない」などという視点で見ることができたので声かけや支援の仕方も変わったと思う。
- 気になる児童のできるようになったことを肯定的に見ていくようになった。
- いけないことをした時、落ち着いて話を聞き、その理由や原因を見ていくようになった。
- ひと呼吸おいて声をかけることができるようになってきた。
- することを順序立てて説明するようになった。
- 見通しを持たせるようになった。
- 課題の量を他の児童と変えるなど、その児童のできることを少しずつ増やしていけるような指導をするようになった。
- 短い時間でも集中できるよう工夫するようになった。
- 授業の導入で集中させる手立てをするようになった。
- 個に対する支援を見据えた全体指導の必要性を感じ、気をつけるようにした。板書の活用のしかた、指示の簡潔化、視覚的に訴える等。

をおこなうことができると述べている。学校現場を知り、健康課や子育て支援課、社会福祉課との連携で就学前の情報をもつ「発達支援室」の発達支援コーディネーターが巡回することの効果は大きいと考える。相談場面では、特別支援教育コーディネーターはもちろん、校長、教頭が

同席することもあり、そういった学校では学校全体の特別支援教育や発達障害支援についての意識が高まっている。また、学校からの要請に基づいて行われる巡回相談ではなく、子どもや保護者のニーズに基づいた悉皆の学校巡回相談がおこなわれることで、地域全体の意識が高まることも期待される。

(5) 成果と課題

　行政が横断的に連携して連続した支援体制をつくりあげることはどこの地域でも解決すべき課題である。A市が「発達支援室」を一つのキーステーションとして、健康課、子育て支援課、社会福祉課、教育委員会に所属するメンバーが必要に応じて集まり、協働でおこなってきた早期支援の体制はボトムアップ的な体制づくりの一つのモデルともいえる（図2－11）。

　医療との連携として地域の総合病院の小児科ドクターとのケースカンファレンスも定期的におこなわれえるようになってきた。また、地域の

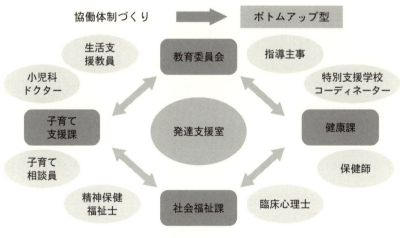

図2－11　「発達支援室」を中心とした連携

特別支援教育の推進においてセンター的機能を果たすべきと捉えられている市立特別支援学校との連携も、グループ療育への職員の参加、会場としての学校の開放、教育相談の実施等以前よりも進みつつある。「発達支援室」の発達支援コーディネーターが、今ある組織の中で、ある面「何でも屋」的に柔軟に対応してきたことで「つなぐ」という役割が果たせたともいえる。システムをつくり出す上でボトムアップ的な協働体制づくりには、何よりも人のつながりを活かす、点から線へのつながりへと広げていくキーパーソンの役割が必要不可欠である。A市においては発達支援コーディネーターがそのキーパーソンであり、キーパーソンを中心として生まれた「発達支援室」というキーステーションでのチーム支援がつなぎ手の役割を果たしてきたと言える。

　ハーバードビジネススクールのBattilana＆Casciaro（2013）は、変革を成功させるためには、個人のネットワーク、すなわち同僚との人間関係がカギを握っていると述べている。どんな集団にも公式の階層構造と非公式なネットワークが共存し、それが仕事のやり方に影響を及ぼし、変革の成功にもつながっていると言うのである。どんな組織であれ、どんな会議であれ、それを動かそうとする人、活かそうとする人がいなければならない。組織やシステムをつくることだけでなく、それがうまく機能していくためのチーム作りがその鍵をにぎっているように思える。チームを作り、人を育て、その人材がまたシステムをより強固なものにしていく、そのようなより良い循環が地域には必要であろう。そういった意味で「発達支援室」というキーステーション、「発達支援コーディネーター」というキーパーソンがもつ可能性はますます大きいといえる。それとともに、就学前から就労までを見据えたトータルな切れ目のない支援体制づくりのためには、「発達支援室」の位置づけをよりフォーマルなものとし、市の中に明確に位置づけていくことが必要になる。これはある面、市の機構改革ともなり、今後の大きな課題となる。一つ一つのケース、子ども達や保護者、担任への支援を丁寧に確実におこないつ

つ「つなぐ」という役割を今ある組織の中で果たしていくことが課題の実現につながっていくと確信している。

(小林 祐子)

❖引用・参考文献
赤塚正一・大石幸二 (2013). 就学期の移行支援体制づくりに関する実践的研究―地域における特別支援学校のコーディネーターの役割と課題―. 特殊教育学研究, 51, pp.135-145.
渥美義賢・笹森洋樹・後上鐵夫 (2010). 発達障害支援グランドデザイン. 国立特別支援教育総合研究所研究紀要, 37, pp.47-69.
Battilana, J. & Casciaro, T. (2013). The Network secrets of great change agents. *Harvard Business Review*, 39, pp.48-59.
古谷成司 (2011). 特別支援教育における連携型巡回相談の試み－A市おける事例の考察－. 授業実践開発研究, 4, pp.81-88.
兵庫県健康福祉部健康局健康増進課 (2012). 5歳児発達相談事業ガイドライン.
井上和久・井澤信三・井上とも子 (2013). 特別支援学校のセンター的機能を活用した発達障害児の早期支援に係る実態調査. 小児保健研究, 72, pp.810-816.
小枝達也・関あゆみ・前垣義弘 (2007). ちょっと気になる子ども達への理解と支援. LD研究, 16, pp.265-272.
国立特別支援教育総合研究所 (2010). 発達障害支援グランドデザインの提案. ジアース教育新社.
文部科学省 (2013). 教育支援資料－障がいのある子供の就学手続きと早期からの一貫した支援の充実－.
田中良三・山本理絵・小渕隆司・神田直子 (2007). 発達障害児の幼児期から学校への移行支援 愛知県立大学児童教育学科論集, 41, pp.51-67.
柘植雅義 (2013). 特別支援教育 多様なニーズへの挑戦. 中公新書.

第3節　教職キャリア形成と人材づくり

1．兵庫県立特別支援教育センターとの共同研究「部長研修」

(1) 問題意識

　特別支援教育をめぐる状況が大きく変わる中で、特別支援学校の「センター的機能」に求められる具体的な支援内容は多様になってきている。様々な課題に対応するためには、コーディネーターが導入された当初のような個人の資質や専門性に依存した対応だけでは継続、発展は困難である。それぞれの学校や地域が、その特色や強みを生かし、ニーズやリソースをふまえた取組みをするために、チームで取り組むという視点が不可欠になってきた。ビジョンを示しそのチームメンバーをまとめて、課題解決に向かうためのリーダー的役割を果たす人材の育成が急務であると考える。

第2節　地域支援の戦略と実践

(2) 共同研究のねらい

　「部長研修」は、兵庫県立特別支援教育センター主催の研修で、県下の、神戸市立を除くすべての特別支援学校の支援部長あるいはコーディネーターを対象とした年間4回実施の継続型1日研修である。2012（平成24）年度から兵庫教育大学大学院特別支援教育コーディネーターコースとの共同研究として実施され、2013（平成25）年度からは兵庫教育大学特別支援教育モデル研究開発室（以下、モデル研究開発室）が共同研究に参画し、2014年度、2015年度と実施した。

　研究の目的は、部長研修を通して、兵庫県下の各特別支援学校のコーディネーターが抱える課題について今後の方向性を明らかにすることと、部長研修の成果および課題を反映して、現職教師の専門性向上、特に特別支援教育における地域リーダー育成のための研修の在り方について検

討することである。

(3) 特別支援学校のコーディネーターの役割

　現在、特別支援学校のコーディネーターにはどのような役割が期待されているのか、まずその設置から現在までの位置づけの変遷を概観する。
　2003（平成15）年3月の「今後の特別支援教育の在り方について（最終報告）」では、1）学校内の関係者や関係機関との連絡・調整、2）保護者に対する学校の窓口、3）地域内の小中学校等への支援、4）地域内の特別支援教育の核として関係機関との密接な連絡調整の4つに整理されている。1）と2）は校内支援、3）と4）は地域支援と大きく2つの役割と捉えることができる。2005（平成17）年12月の「特別支援教育を推進するための制度の在り方について（答申）」では、特別支援学校は地域の特別支援教育を推進するための中核的な役割として「センター的機能」を担うものとして位置づけられ、その後2008（平成20）年1月の「幼稚園、小学校、中学校、高等学校及び特別支援学校の学習指導要領等の改善（答申）」では、具体的な機能として、1）小中学校等の教員への支援機能、2）特別支援教育に関する相談・情報提供機能、3）障害のある幼児児童生徒への指導・支援機能、4）福祉、医療、労働などの関係機関等との連絡・調整、5）小中学校等の教員に対する研修協力機能、6）障害のある幼児児童生徒への施設設備等の提供機能が例示された。特別支援学校におけるセンター的機能が学習指導要領に位置づけられてからは、学校全体での取組みを推進することが求められ、コーディネーターはその取組みの中核を担うことが期待される存在になっていった。
　2012（平成24）年7月の「共生社会の形成に向けたにインクルーシブ教育システム構築のための特別支援教育の推進（報告）」を受けて、コーディネーターの役割はさらに拡張していくことになった。1）在籍する子どもへの指導・支援に関する役割、2）地域へのセンター的機能を推

進するコーディネーターの役割、3）障害のある子どもの早期からの教育相談に関する役割、4）多様な学びの場をつなぐための役割、5）障害のある子どもと障害のない子どもが共に学ぶことへの対応に関する役割（国立特別支援教育総合研究所、2014）、というように、接続的な役割だけではなく、地域とさらに密接に関わり協働する動きを作り出す役割へと拡張されつつあるという印象である。

コーディネーターの活動の実態については、矢継ぎ早に変化していく状況に右往左往しながら目の前の課題に対応しているというところが正直なところであろうか。所属する学校の専門性や組織の在り方、地域の教育環境および文化的背景によって、推進状況にばらつきがあることは否めない。さらにコーディネーター個人の経験や力量によっても、それぞれ役割が異なっている状況が推測される。

⑷ 特別支援学校のコーディネーターに必要な資質

コーディネーターに必要な資質としてどのようなことが求められてきたのであろうか。特別支援教育元年と言われる2007（平成19）年の時点で、国立特別支援教育総合研究所は、基礎的な資質や技能として1）コーディネーションの力、2）コンサルテーションの力、3）ファシリテーションの力、4）ネットワーキングの力、5）カウンセリングの力、6）アセスメントの力、の6点を挙げている。これらの力については「一人のコーディネーターが備えるべきものとしては広範囲に渡る」（2009）ものであることを指摘しているように、チームの力を活用するということがこの時点ですでに想定されていた。しかしながら、「これまでの教員の専門性だけでは対応の難しさがある」（2009）ことが指摘されているように、それまで教師は地域と連携を結ぶための知識や方略を系統的に学んできたわけではない。初期の頃のコーディネーターの活動は、経験や実績がある個人の資質に支えられて促進されてきたと言ってもよいだろう。

共生社会を掲げたインクルーシブ教育システム構築の推進の流れのなかで、地域で特別支援教育を推進することを考える時、地域支援に当たる教師にはこれらの資質や技能の必要性はさらに増しているという印象を持つ。ただし、個人の知識や専門スキルの向上のみで地域との連携を推進する役割を果たすということには、もはや限界があるのは明らかである。2007（平成19）年の「特別支援教育の推進について（通知）」では、校長のリーダーシップの下に体制作りをする必要性が強調されているが、それと並行して学校・地域全体を巻き込みながら地域連携を進めていく、現場のリーダー的役割を果たす教師を育成することが必要である。それが、我々が「地域アドバンスリーダー」と呼んで探求しようとしている人材像である。

(5) リーダーの育成と研修の役割

　リーダーの育成の方法と研修がそのプロセスで担う役割について、一般的な視点から考える。「リーダーシップ」、あるいは「リーダー的存在」はどうやって育ってきたのか。どのような研修を考えれば良いのだろうか。

　金井（2015）によれば、米国ロミンガー社が企業の経営幹部を対象に「リーダーシップを発揮できるようになっていくうえで有益だったのは何だったのか」を尋ねたところ、70％は「仕事上の経験」、20％が上司や顧客・取引先の経営者から受けた「薫陶（学びや気づきを得ること）」であり、「研修やセミナー」が占める割合は「せいぜい10％程度」だったという。実際の「経験」がリーダーシップを学ぶために最も有効であるということを示すデータである。しかし、だからと言って「仕事上の経験」さえ積めばよいということではなく、自分のリーダーシップに関する経験を言語化し、内省して「持論づくり」をすることが必要であると金井（2015）は指摘している。

　そのことをふまえて、部長研修が「リーダー育成」において果たすべ

き役割について考えてみると、研修を通してそれぞれの参加者が、自分が経験した実践を振り返り、暗黙知を言語化していくことに意義があると言えよう。研修のデザインという視点からは、言語化された個別の「持論」を、参加者同士で共有し相互作用が生まれるようなしかけをすることが必要である。そこにイメージしている教師像は、研修をきっかけにして、気づいたこと学んだことを自分の置かれた地域や学校の文脈に活かして行動する教師の姿である。人材育成としての最終ゴールのイメージは、参加者個人が自己の実践からの学びのサイクルを自ら回していくようになることにあるが、これは研修の長期的なビジョンと言えるであろう。ひとつひとつの研修はそのプロセスの中で、1つのきっかけとなり個々の「持論」づくりの支援の機能を果たしていくことが求められているのではないかと考える。

　リーダーシップとはチームメンバー（フォロワー）との関係の中に発揮され、「フォロワーが目的に向かって自発的に動きだすのに影響を与えるプロセス」（池田・金井、2007）である。したがって、部長研修で扱う実践内容は「チームで取り組んだ経験」となる。

(6) リーダーシップについて

　モデル研究開発室が2014（平成26）年度第2回部長研修参加者に提案したリーダーシップは「サーバント・リーダーシップ」の在り方をモデルとしている。これは、1970年代にロバート・グリーンリーフが提唱した考え方で、池田・金井（2007）は「リーダーである自分が部下やフォロワーを支え、尽くすことで目標を達成するリーダーシップ」であると述べている。小杉（2013）は、チームメンバーに対して説明し命令することが中心のコミュニケーションスタイルを持つ「中央集権型のリーダーシップ」をバージョン1.0と位置づけるならば、その対極にある「サーバント・リーダーシップ」スタイルは「支援型のリーダーシップ」としてバージョン3.0と位置づけ、現代に必要とされるリーダーシップの型

として捉えている。

小杉（2013）は、このようなリーダーシップの必要性が生まれてきた背景として、現代はもはや、強いリーダーが課題解決に対して正しい解があると考えて一人で導くことができる時代ではないことを指摘し、「リーダーの役割は一人ひとりのメンバーと向き合い、動機づけ、主体性を持って自律的に働くよう支援すること」だと述べている。

モデル研究開発室では、このリーダーシップの在り方は地域支援を担当する地域リーダーの在り方にも当てはまると考え、「サーバント・リーダーシップ」を参考にして参加者の意識を探りつつ、研修内容に組み込むことにした。

(7) ワークショップと対話

部長研修ではコンテンツの基本設計としてワークショップ形式を採用した。その考え方について述べる。

中野（2001）は、ワークショップの定義を「講義など一方的な知識伝達のスタイルではなく、参加者が自ら参加・体験して共同で何かを学びあったりする学びと創造のスタイル」と述べている。デザインを考える際のキーワードは「参加」「体験」「相互作用」である。その場で講師と参加者、参加者同士で双方向の学びが起きることが大切な要素の一つである。もう一つは、他者と場を共有して協働して何かを創るということのなかに楽しさがあるということも大きな要素であると考えている。

一般的におこなわれているワークショップについては、その内容はその目的や対象者によって様々であるが、「部長研修」では特に、対話による相互作用を中心に置いて考えたことに特徴がある。参加者どうしがワークショップの活動（対話、ロールプレイ、演劇づくりなどの身体活動とプロトタイプづくり）を通して、テーマに関して新しい知識を得たり、気づきを深めたり、プロトタイプ（試作品）を客観的に観ることによって自身の振り返りをしたり、実践の意味づけを再発見したりできる

のではないかと考えた。

　ワールド・カフェなどの対話型ワークショップでは、参加者どうしがリラックスして発言できるような雰囲気の場づくりが不可欠である。なぜならここで前提としているのは、参加者個々が全く違う背景を持ち、違う立場、違う視点から向き合っているということだからである。中野・堀（2009）は、対話の創造的プロセスは「共有する」「拡げる（拡散）」「創造的混沌」「収束」「（再び）共有する」という5つのステージがらせん状にぐるぐる回りながら進んでいくと述べている（図2－12）。「創造的混沌」とは、お互いの同意点や相違点を相互に聴き合い、確認して課題についての合意がおこなわれるまでのコンフリクトを指す。中野はこの混沌が重要であると述べている。

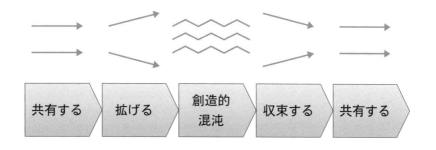

出典：中野民夫、堀公俊「対話する力」（日本経済新聞出版社）

図2－12　対話の創造的プロセス

(8) 部長研修

　地域リーダーの育成を目指して実施した2014（平成26）年度部長研修の実際を報告する。

① これまでの経過

　初年度である2012（平成24）年度は兵庫県立特別支援学校の支援部長およびコーディネーターを対象としてスタートした。特別支援学校内に

て地域支援を担う分掌として支援部を想定し、そのリーダー的存在である「部長」を対象としたので「部長研修」と命名されたようである。

その後対象を広げ、2013（平成25）年度には、神戸市を除く市立養護学校・特別支援学校において、地域支援や校内支援を担う支援部長あるいは支援部員、コーディネーターを対象として実施した。2014（平成26）年度は、県下全養護および支援学校より1名ずつの参加があり、全37校より37名が参加した。悉皆研修に近い参加状況となっている。

2015（平成27）年度は新設の特別支援学校が1校増え、38名の参加となった。兵庫県立特別支援教育センターの研修としては「学校・地域支援リーダー研修C」と名称変更がなされ、リーダー研修としての研修目的がより明確になった。

② 参加者

実際の参加者について概観する。図2-13は2015（平成27）年度参加者の教職経験年数の分布である。20年以上30年未満の人数が19名で最も多い。20年以上の人数は26名で約68％、反対に20年未満の人数は12名で約32％であった。校内でミドルリーダー的な役割を期待されている教師が多く参加していることがわかる。その一方で、今後のリーダー候補と

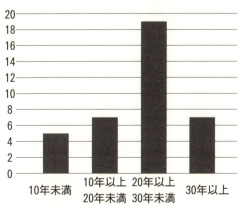

図2-13 「部長研修」参加者の教職経験年数（2015）

して参加している若手教師もいるため、ミドルリーダーとしての育成のニーズを持つ集団であると捉えることもできる。

③ 研修のねらい

a．「リーダー育成」に焦点を合わせるまでのプロセス

リーダー育成をテーマに置いてスタートした部長研修であったが、研修内容を考えるにあたっては参加者の実態とニーズを検討する必要があった。そのビジョンと現実の差異をどのように捉え、研修のねらいをどのように設定していったのかという現実的な課題について考える。

中原（2014）は、研修のニーズを「戦略ニーズ」「事業ニーズ」「組織ニーズ」の3つの観点で分類し、「戦略ニーズ」は長期的な視点から設定されるニーズ、「事業ニーズ」は現場のニーズ、「組織ニーズ」は中長期的視野に立ち、組織の中核能力を維持するための人事ニーズであると定義した。その上で組織に必要な研修ニーズを見定めていく必要があると述べている。部長研修の場合、共同研究の方向性は「戦略ニーズ」（モデル研究開発室）と「組織ニーズ」（県立特別支援教育センター）に該当すると捉えることができる。

モデル研究開発室では、地域リーダーを育成するためのキーコンセプトとして「リーダーシップ」「コミュニケーション」「学びのデザイン」を掲げ、これからの地域リーダーに必要な力の要素だと捉えていた。部長研修においては、現在地域支援を担っている特別支援学校のコーディネーターが、地域の学校の様々な課題に対応する際に、リーダーシップを発揮してチームをまとめ、課題解決を図ることをイメージした。この件については、研修の主催者である兵庫県立特別支援教育センターと話し合い、組織ニーズと矛盾しないことを確認し進めることに留意した。

部長研修の参加者のニーズ（「事業ニーズ」）で一番多いことは何であったかと言うと、2014（平成26）年度当初のアンケート調査では「情報収集」であった。他の学校や地域でどのように取り組んでいるのかについての情報を知りたいという声が多かった。地域支援については、地域に

よって進捗状況や方向性に違いがあり、学校ごとに個別に取り組んでいるというのが現状であった。そして県下のコーディネーターが一堂に会する機会はこの部長研修のみであった。そのことを考えると、参加者が情報交換を第一に求めるのは当然と言ってもよい。「リーダーシップ」ということに課題意識を持っている参加者はほとんどいなかったため、まず課題意識を喚起する地点から検討する必要があると思われた。

　しかし、研修に対する参加者の意欲喚起を考える時、研修のねらいと参加者のニーズの差異をどのようにして埋めていくかは大きな課題であった。2014（平成26）年度は、リーダーシップに関するテーマを設定し、参加者の潜在的なニーズを掘り起こすところから検討を始めた。2015（平成27）年度には、研修側の課題意識（「戦略ニーズ」）を最初に掲げ、参加者の動機づけを高める方法を用いた。以下に各年度のねらいを決定するプロセスについてまとめる。

b.「潜在的なニーズ」を掘り起こす

　2014（平成26）年度の研修のねらいを考えるにあたって、研修主催者である県立特別支援教育センターからは、1）地域におけるスーパーバイザーを育成する必要性、2）県下の特別支援教育のネットワーク構築の必要性の2点が課題意識として提示された。その内容として、「地域の実情をふまえて支援できる知識・技能と伝達能力の向上」「コミュニケーション能力の向上」「コーディネーターに関する能力の向上」が提示された。県の人材育成のニーズからの提示であった。

　モデル研究開発室では、そのニーズを大きく「リーダーシップ」の枠組みで捉え直し、「サーバント・リーダーシップ」を発揮する人材像を念頭に置いて、具体的な研修テーマを検討することを提案し合意していった。2014（平成26）年度は「対話」中心のワールド・カフェを中心に、「リーダーシップ」に関する参加者の意識のアセスメントをおこないながら各回の題材設定を考えていくことにした。年間テーマは「ミッション・ビジョン・バリュー」とした。各回の具体的なテーマについては**表**

表2-9　2014（平成26）年度各回の研修テーマ

回	テーマ
第1回	「自分のミッションを考える〜課題を知る・整理する・振り返る〜」
第2回	「特別支援教育コーディネーターのリーダーシップとは？」
第3回	「共生社会とインクルーシブ教育」
第4回	「今年度の取り組みについて振り返る」

④　プログラム

　プログラムは、ひとつひとつの独立したコンテンツをパッケージとして組み合わせた。コンテンツは1）テーマに関する内容、2）ワールド・カフェ、3）目標マップ、4）経験学習に関する振り返り、5）研修の内容を学校・地域でどう活かしたかについての振り返り、である。4）と5）については毎回参加者に日々の取組みについてまとめてもらい、ホームワークとして提出してもらった。そのコンテンツを1日の研修としてパッケージ化し、4回の継続研修として実施した。

　そのコンテンツをパッケージ化した毎回の基本プログラムは**表2-10**の通りである。

　午前中は、テーマに関する知識についての講義とそのテーマに関する実践について、「経験学習」に関するホームワークの記述の中からピックアップして紹介した後、ワールド・カフェの手法を用いて参加者に話し合いをしてもらった。

　午後は、「研修の内容を学校・地域でどう活かしたか」についてまと

表2-10　基本プログラム

時間	プログラム	形式
午前	テーマに関する講義	講義
	経験学習（リフレクション①）	講義
	ワールド・カフェ	演習（ワークショップ）
午後	実践の振り返り（リフレクション②）	講義
	目標マップ	演習（ワークショップ）

めたホームワークの中から事例を紹介した後、各自の取組みについて、「目標マップ」の作成を通してまとめるという取組みを実施した。

この研修を継続的につないでいるしかけが2つのホームワークであり、研修と日々の実践をつなぐ役割を持つというデザインになっている。

⑤ 受講者アンケートより

　a．研修を通じて得られた「発見」

第1回から第4回を通して毎回「振り返り」「気づき」「学び」「課題発見」「違う考え方」の5点について尋ね、その回答数について合計した。結果は**図2-14**の通りである。それぞれの項目について、「とてもあてはまる」「あてはまる」と回答した累積数についての割合を示すと、振り返り：自分を振り返ることができた　92%、気づき：「あぁ、そうだったのか」という体験ができた　82%、学び：何かを学んだという実感を持った　82%、課題発見：新たな課題を発見するきっかけができた　77%、違う考え方：今までとは違う考え方ができるようになった　60%、

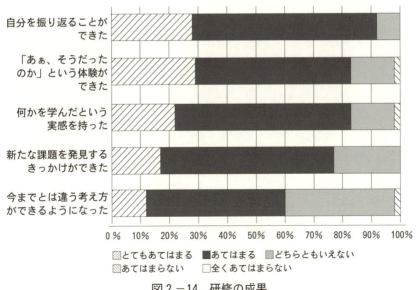

図2-14　研修の成果

であった。

以上の結果から、全体を通して「自分を振り返る」ことと「気づき」と「学び」を促すことができた研修であったと捉えることができる。

b．研修から「気づいたこと」に関する記述について

第4回終了後に、「1年間を通してどのような気づきが得られたか」という内容で自由記述で回答してもらった。得られた内容を要素に分け、KJ法を参考に分類をおこなった。9つの項目を抽出し、その内容から表2-11のように各項目名を命名した。

「広い視野を持つことの重要性への気づき」では、他者の異なった視点を尊重する記述があった。「他者との話し合いから促された気づき」では、みんな苦労している等の他者との共通した状況を確認できたという記述があった。「サーバント・リーダーシップを知ることから促された気づき」については、「自分なりのリーダーシップを発揮できると気づいた」という記述があった。サーバント・リーダーシップの考え方と自らの在り方を結びつけて振り返ることができたものと推定する。「ミッションを考えることから促された気づき」では、ミッションを再確認したという記述があった。これは、意識して言語化したことによって起こったものと推定する。「自己の振り返りをすることから促された気づき」の記述は、この研修が振り返る機会を提供する場となっていたことを示すものであると推定する。

c．「チーム支援」に関する意識について

2014（平成26）年度の参加者に、「チーム支援」を実行するに当たってどのように関わっているかについて、第1回目から4回を通してアンケート調査を実施した。チームメンバーについては、学校現場で一緒に課題に取り組んでいるメンバーを想起して回答してもらった。質問項目は、「コミュニケーション」「リーダーシップ」「対話」等のキー概念をもとに作成した。

図2-15は、それぞれの項目に対して「とてもあてはまる」「あては

表2-11 気づきについての自由記述の分類項目とその記述内容、出現数 -1-

項目	記述
他者との話し合いから促された気づき（n=8）	・各校の取組みや苦労 ・みんな不安を感じながらもがんばっている。 ・様々な学校の先生方の熱心な取組みを伺うことができとても刺激になりました。また、各校それぞれに工夫した活動をされていることを知り、自分の学校でも独自性を他の機関と連携しながらできればと思いました。 ・他校の先生方と話す機会を持つことで刺激や新しい情報、考え方を得ることができた。 ・特別支援教育における地域の現状が、本当に地域によって異なっていること。 ・他校のコーディネーターの方々も自分と同じようなことで悩んでいたり、そこから解決策を見つけたりと苦労されていることがわかった。 ・他の地域、県立、市立の特別支援学校の特徴やちがいがよくわかり（取組みも）良かったと思います。 ・各校の取組みや課題についても知ることができた。
広い視野を持つことの重要性への気づき（n=6）	・新しい視点の持ち方に気づかされた。 ・視野を広く持つ必要があり、いろんな人や機関などの連携の取り方の工夫の必要性を感じました。 ・自分以外の視点からの考えを取り入れていく。 ・目の前のことだけにとらわれがちになりやすいが、全体を見て考えていくことが大切だと思いました。 ・校内や自分の視野だけでなく、広い視野に立って考える視点をいただいたように思う。 ・これまで考えもしなかった新たな気づきが得られました。例えばリーダーシップの考え方、リフレクション、振り返りの大切さ、インクルーシブ教育の中の「学びの多様性」の実現など。
サーバント・リーダーシップを知ることから促された気づき（n=6）	・サーバントリーダーシップの考え方がなんとなくわかりました。しっかり研修してみようと思っています。 ・自分なりのリーダーシップを発揮することができると気づいた。巡回相談で発達障害の相談に対して「弱いところに注目してそれを変えよう、直そうとするのではなく、強いところを伸ばせるよう誉めて自己肯定感を高めましょう」と言っていることがそのまま自分にもあてはまるのだと気づいた。自分の弱いところ（人をひっぱる力がない）は強み（人と関係をつくるのが好き）を生かして助けてもらえるのだと思った。 ・サーバント的リーダーシップを学んだことで、教育相談のあり方についての気づきがありました。 ・リーダーのあり方、引っ張るのではなく環境を整えるという考え方。 ・気負わずできそうなところから周りを巻き込んで、つながってやることの大切さや楽しさに気づかせていただきました。 ・サーバントリーダーシップに関してはこういう方法もあるんだと自分に合った形に出会えてよかった。

表2-11 気づきについての自由記述の分類項目とその記述内容、出現数 －2－

項目	記述
ミッションを考えることから促された気づき（n=6）	・自らのミッションが再確認できた。 ・4回の部長研修を通して、自分の目指しているものや方向、また解決の仕方のヒントが得られ、本当によかった。また、他校の先生方と話す機会を持つことで刺激や新しい情報、考え方を得ることができた。 ・自分のミッションについて考えられるよい機会になりました。 ・今年実際に支援部長となって参加してからは、より具体的に「個人のミッション」＝「部のミッション」となり、課題意識が深まった。 ・ミッションを意識することで自分の活動内容が変わった。 ・コーディネーターとして人と人とをつなぐジョイントとしての働きの重要性を感じることができた。
自己の振り返りをすることから促された気づき（n=6）	・自分の考えや取組みを整理する場となり良かったです。 ・自分一人ではなかなか振り返りということができないので、この1年間の研修を自己の取組みの整理整頓に使わせていただきました。自分のやりたいことが明確になりました。 ・今までやってきたことが意義があるということを再確認できました。 ・自分自身の振り返り。経験学習に記入することによって意義づけができた。 ・他校でコーディネーターとして活躍されている先生方の実践などを学ぶことで自分を振り返り、また次のステップを具体的に考えることができたと思う。 ・自分を見つめなおす機会にもなりました。
校内支援の意義の再発見への気づき（n=3）	・地域にばかり目を向けるのでなく、特別支援学校として校内にも特別支援の視点で授業作りを行っていく。 ・校内支援は"担任だからこそ"のおこないやすさがあることを実感することができた。それを生かして校内支援へと結びつけていくことができた。 ・校内支援を見直し、ニーズの把握や的確な指示を特別支援学校がおこなっていかなければならない。
「目標マップ」「プレゼン資料」の作成から促された気づき（n=2）	・目標マップなど自分の取組みを視える化すると、自分自身や仲間にも目標がわかりやすくなること。 ・1年間のまとめをプレゼンにした時、研修で学んだことに集約され驚いた。
学びの多様性の考え方について知ることから促された気づき（n=2）	・授業そのもの（学び方、学ばせ方）を変えていく時代が来ていること。 ・インクルーシブ教育について学んだことは、これからの授業のあり方を考えるきっかけになりました。

第 2 章 地域支援における新たな方向性　127

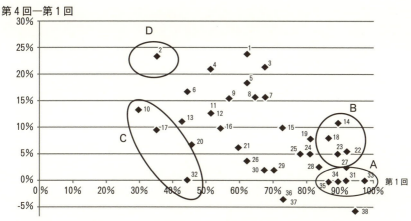

1 自分に課せられた役割や使命をしっかりと自覚している。
2 チームで行動する時に先頭に立ってみんなを引っ張っている。
3 メンバーの要求が自分の意図に反しても、平常心で柔軟に対応する。
4 メンバーに責任ある重要な仕事をまかせている。
5 メンバーがチームの仕事を達成するために、助力できることは全てしている。
6 メンバーの質問に対して的確に答えている。
7 メンバーの役割と自分の関係をよく認識している。
8 何かに取り組む際に、先を見通して計画を立てている。
9 様々な情報源から情報を集め、それを活用している。
10 メンバーに対して的確な指示を出している。
11 自分が行動を起こすことによって、メンバーを動かしている。
12 数多くの情報の中から、本当に自分に必要な情報を吟味し、手に入れている。
13 取り組むべき課題を明確に分析している。
14 メンバーと自分の意見が食い違った場合、相互に有益な妥協点を見いだそうとしている。
15 メンバーの失敗に対して責任を持っている。
16 メンバーとの間で、プライベートな話題を話し合っている。
17 メンバーの意見に疑問があれば、納得できるまで質問している。
18 自分の置かれた環境・状況をよく理解しようとしている。
19 メンバーと自分の理解に齟齬がある場合には、理解し合えるよう努力している。
20 論理的に自分の考えを述べ、メンバーを納得させている。
21 メンバーや物事との関係を理解している。
22 メンバーの話を積極的に聴く姿勢をとっている。
23 メンバーの要求を考えて、自分の提案を修正している。
24 チームのメンバーの連帯性を重視している。
25 メンバーが悩みを抱えている時には、それに気付くよう気をつけている。
26 自分のことを理解してもらえるように話をしている。
27 メンバーが置かれた立場と意見を尊重している。
28 自分の意見をメンバーに伝えている。
29 個人としての課題よりも、チームとしての課題の達成を重視している。
30 初対面のメンバーとでも気軽に話をしている。
31 メンバーと自分の意見が異なっていても、話し合いを重ねる中で意見の折り合いをつけている。
32 メンバーがチームの仕事を果たすためのスキルを身につけるために、必要な実践経験をさせている。
33 メンバーに対して、受容的、肯定的な態度をとろうとしている。
34 メンバーが気軽に話しかけることができるような雰囲気を作ろうとしている。
35 個人としてではなく、チームの一員である自分を意識している。
36 メンバーが納得できるように話をしている。
37 仕事をする時に、順序立てて何をどうやって取り組んでいけばよいかを決めている。
38 メンバーの感情を逆なでせずに、合意に達するよう心掛けている。

図 2-15　チーム支援に関する意識について第 1 回目と第 4 回目の割合と変化

まる」と回答した人の割合について、第1回目を横軸［割合］、第4回目から第1回目を引いた値を縦軸［変化量］として示したものである。下段にその項目内容を示した。項目の数字は図中の数字に対応している。この図から、参加者のチーム支援に関する意識について概観し考察する。

Aのエリアは、第1回目の時点でほぼ100％に近い参加者が「とてもあてはまる」「あてはまる」と回答しており、かつ第4回目にも変化がなかった項目である。参加者に常に強く意識されている項目と捉えることができる。項目について着目すると、「33：受容的・肯定的な態度」「31：意見の折り合いをつける」「34：話しかけやすい雰囲気」「35：個人としてではなく、チームの一員としての自分」という内容が並んでいる。

Bのエリアについては、第1回目はAと同様であったが、第4回目の時点でプラス方向の変化が見られた項目である。「22：積極的に聴く」「27：メンバーの立場と意見を尊重する」「23：自分の提案を修正する」「14：相互に有益な妥協点を見いだす」「18：自分の環境・状況を理解する」という内容が並んでいる。

一方、C、Dのエリアは、第1回目の時点で「とてもあてはまる」「あてはまる」と回答した参加者が少なかった項目である。Cのエリアについては「10：的確な指示を出す」「17：疑問があれば、納得するまで質問する」「32：メンバーに必要な実践経験をさせている」、Dについては「2：チームで行動する時に先頭に立ってみんなを引っ張っている」という内容が並んでいる。これは1年間の研修を通して、「先頭に立ってみんなを引っ張っている」というリーダーシップの意識に大きな変容があったということを示唆している。

以上の結果から、部長研修参加者のチーム支援に対する意識は、チームをまとめ方向づけてリードするよりも、チームの輪を大切にしているということが示唆された。また、意見の相違があった場合には相手の意見を確認して相違点を明らかにするよりも、受容的、肯定的な態度を常

⑥ 成果と課題

2014（平成26）年度部長研修を「特別支援教育における地域リーダーを育成する」という点から、今後の方向性と研修の在り方についてまとめておきたい。

a．地域リーダーの育成

今回の研修は、参加者に自分の実践とリーダーシップとしての自分の在り方を結びつけて捉えてもらうことができたことと、自分の実践の課題を整理し、ミッション、ビジョンについて継続的に考えてもらうきっかけとなったことの2点で意義があったと考える。しかし、一方で、それがどのように実際の現場でおこなわれているかの検証をすることはできなかった。また、参加者がイメージしている「チーム支援」について、参加者が自分のチームについてどのように意識しているのか、その中での自分の役割についてどのように捉え、関わっているのかについて、さらに調査する必要があることがわかった。また、そのチームメンバーに対して用いているスキルについても、どのように課題解決がおこなわれているのか、具体的にはつかむことができなかった。今後は、チームにおける自らの役割やリーダーシップに関する参加者の捉え方を明らかにしながら、いかにリーダーシップを発揮して実践を振り返ってもらうのか、研修デザインについて検討する必要があるだろう。

そして、「特別支援教育における地域リーダー」を考えた時、管理職のリーダーシップとどう違うのか、役割や関係性も含めて検討する必要がある。兵庫県の研修にはミドルリーダー対象の研修もあるが、部長研修はその中でどのような位置付けとなるのかについても明らかにしておく必要があるだろう。

b．対話の促進

ワールド・カフェや目標マップ作成プロセスで、参加者に対話を意識したグループワークに取り組んでもらったことは、他校の取組みを知り、

各自が苦労している状況を分かち合うことができたという点で効果があった。また、個々の参加者の課題意識に応じた気づきが生じていることが示唆された。

参加者からは、学校や地域で実際にワールド・カフェ形式の研修を実施してみたという報告があり、その効果は参加者にも実感されたものと考えられる。しかし、今回の研修の取組みにおいて、実際にプログラムのなかで対話が実現し、新しいアイディアの創出につながったかどうかについては検討しておらず明らかではない。また、参加者のコミュニケーションの特徴として「質問する」「論理的に考えを述べる」等への意識が低いことについてどう捉えていくべきか検討が必要である。今後、チーム支援に必要なコミュニケーションスキルを改めて検討し、プログラムに反映させる必要があるだろう。

c．実践の振り返りの場

経験学習の取組みは、自分の実践の意義を考えたり、新しい挑戦をしてもらう上で有効であったと考えられる。その意味で部長研修は、忙しい日常を少し離れて振り返りをおこなう場として意義があったと思われる。しかし、その振り返った実践の内容が、自らがリーダーとして活動した経験について意識的に取り上げられていたかは不明であり、参加者の意識づけも含めて今後の課題である。また、課題の提出については参加者の多くが負担を感じているようであり改善の必要がある。この点に関しては、研修デザインと参加者の動機づけの2つの視点から改善を図りたい。

研修のテーマ設定に関しては、参加者の所属する学校の地域における役割など実践している背景がそれぞれ異なる上、個人の研修ニーズや課題に対する意識についても様々であるため、共通となる実践的なテーマを提案する必要があると思われる。このことに関しては、研修主催者の意向もふまえながら検討していく必要があろう。

（八乙女　利恵）

❖引用・参考文献

中央教育審議会（2005）．特別支援教育を推進するための制度の在り方について（答申）．
中央教育審議会（2008）．幼稚園，小学校，中学校，高等学校及び特別支援学校の学習指導要領等の改善（答申）．
中央教育審議会初等中等教育分科会（2012）．共生社会の形成に向けたにインクルーシブ教育システム構築のための特別支援教育の推進（報告）．
兵庫県特別支援教育センター・兵庫教育大学大学院特別支援教育コーディネーターコース（2013）．平成24年度「調査・研究」（共同研究）「現職教員の専門性向上のための研修の在り方」～特別支援教育コーディネーターに関する「部長研修」をとおして～．
兵庫県特別支援教育センター・兵庫教育大学大学院特別支援教育コーディネーターコース・特別支援教育モデル研究開発室（2014）．平成25年度「調査・研究」「現職教員の専門性向上のための研修の在り方Ⅱ 特別支援教育における地域リーダー育成」～特別支援教育コーディネーターに対する「部長研修」を通して～．
池田守男・金井壽宏（2012）．サーバント・リーダーシップ入門．かんき出版．
金井壽宏（2015）．リーダーシップ・ナビ～1時間で学べる理論と実践～．ヒューマンバリュー．
国立特別支援教育総合研究所（2007）．学校コンサルテーションを進めるためのガイドブック．ジアース教育新社．
国立特別支援教育総合研究所（2014）．すべての教員のためのインクルーシブ教育システム構築研修ガイド．ジアース教育新社．
小杉俊哉（2013）．リーダーシップ3.0 カリスマから支援者へ．祥伝社．
文部科学省（2003）．今後の特別支援教育の在り方について（最終報告）．
文部科学省（2007）．特別支援教育の推進について（通知）．
中原淳（2014）．研修開発入門-会社で「教える」，競争優位を「つくる」．ダイヤモンド社．

2．教師の専門性と継続的専門性開発（CPD）

　特別支援教育におけるリーダー的資質を備えた人材育成では、当然ながら専門性を高めることが問われる。これにあたって、本書が提案するアドバンスリーダーが持つべき専門性とは何か、また専門性を教職キャリアのなかで不断に高めていくための学びの主体性の大切さについて触れておく必要があるだろう。

(1) 教師の専門性とは

　教師という職は、古くは「聖職・天職」とみなされ、教師は子どもや保護者の尊敬の対象であり、威厳のある存在であった。第二次世界大戦後は「教育労働者」、そして現代では「専門職」としての教師像が探られている（大桃, 2012）。専門職（プロフェッショナル）の語源であるラテン語（professus）が意味するところは、神の宣託を受けた者であり、最初はその名前が示すように聖職者のみが該当した。社会から見られる教師には、依然としてこのイメージが強いところがある。しかし、近代社会の到来により、科学的・合理的な精神の影響が今日まで広く浸透してきた。加えて、第二次世界大戦後は、高等教育が普及し技術革新が絶え間なく起こってきた。さらに、我々が生きている21世紀の現代は、知識基盤社会の様相を呈している。このような社会変化は、当然ながら今日の教職観に影響をもたらしている。一方で、教師としての豊かな人間性についても問い続けられており、教師の専門性は人間性と社会性の基盤のもとに形成される、教科指導や生徒指導などの専門的・実践的指導力であるとも言われる。

　教科領域について言えば、基礎科学や技術に関する研究が進捗することにともなって、子どもに教える教科内容そのものが絶えず変化するようになった。分子生物学の目まぐるしい進展や再生医療が身近になった時代に生きる市民にとって、これらの意義・功罪や光と影について判断できることは重要であり、そのための教育も求められている。グローバリゼーションの影響もあり、英語や国語ではコミュニケーションスキルの獲得が重視されるようになってきている。また、我が国で特別支援教育がスタートした2007（平成19）年度から今日まで、発達障害に関する基礎的研究や指導法などの実践的研究は飛躍的に増加している。この間に、発達障害の診断基準が示されている米国精神医学会のDSM（Diagnostic and Statistical Manual of Mental Disorders）が第5版へと改訂され、自閉性障害の概念にスペクトラムという考え方が導入された。

このような障害の捉え方の変化は、実際に学校現場に大きな影響を持ち、通常の学級における子ども理解の在り方や対応、さらには授業づくり・学級経営の在り方にも問いを投げかけている。

今日の教師は、専門家としての一側面を有しながら、教育の「実践家」でもある。ドナルド・ショーンは、科学的研究が実践の基礎となっている医学や工学の「技術的合理性」モデルを教師に適用することの限界について言及している（Schön, 1983）。ショーンは、専門家はサービスの提供者であるが、教師のようなタイプの専門家にとって重要なことは、実践という行為の最中におこなわれる「省察」であり、行為のなかで暗黙になっていたものを理解し、再構造化することであるとし「反省的実践家」であることが肝要であると述べている。教師は自らの実践という行為を振り返ることで、その意味を認識して経験から学んでいく存在でもある（Kolb, 1984）。このように実践のなかで獲得された学びは「実践知」と呼ばれ、経験による学習の成果として得られる。このタイプの知識は、言語化して説明可能な宣言的（declarative）あるいは記述的（descriptive）な知識と対比される。実践知やスキルには、言語化不可能な作業の手続きに関する（procedural）知識が含まれ、これらがいわゆる「暗黙知」である。

教師は授業実践を振り返りながら学んでいく存在であるが、新しい職務分掌であるコーディネーター担当者にとっても、自らの実践経験から得られる学びほど重要なものはない。モデル研究開発室が兵庫県立特別支援教育センターと共同で、特別支援学校のコーディネーターを主な対象として取り組んできた「部長研修」においても、経験学習の要素を加味している。受講者にとって、日々の地域支援に関わる実践はこれまでの特別支援学校教員には求められてこなかった「一皮むけた経験」であるが、リーダーシップ能力はこのような新たなチャレンジ経験から育まれるとも言われる（松尾, 2006）。

先に述べた専門領域に関する実践知を土台として、地域支援のリーダー

は、地域支援の方向性にビジョンを描いていく。本書では、これを実現するための地域支援計画の立案と実行を担うための力量として「コンピテンシー（competency）」という概念を想定して、必要とされるコンピテンシーの形成方策について検討を試みる。組織行動や人事評価におけるコンピテンシーの重要性は、達成動機の研究で著名なMcClelland（1973）によって指摘された。知能検査や適性検査で高得点であった外務情報員が、必ずしも優れた業績を残す由でないことから、彼は高い業務成績を残した者に焦点をあてた調査研究をおこない、彼らの人物特性（動機づけや性格的な特徴、思考様式など）を明らかにした。組織管理において、コンピテンシーは一般的に「業務遂行能力」や「課題対処能力」と呼ばれ、個人的な特性を反映するものとされる。また、心理学、教育学における定義には異なる点があり（金井・高橋、2004）、コンピテンシーという用語は多義的である。一般的に表現すれば、問題解決へ動機づけられた個人が、状況にあわせて知識やスキルを環境と相互作用しながら「（知識やスキルを）うまく使う力」と表すことができる。

(2) 教職キャリアスタンダード

教育や子どもに関する新たな知識が絶え間なく生み出される今日の状況において、また、日々自らの授業実践を振り返ることにおいて「学び続ける教師」が強く求められている。医師が卒業後に研修医としての臨床経験を積み重ねるなかで成長していくように、教師も初任者期間においては複雑化した教室状況に対応できる現場力を磨いていかねばならない状況がある。学び続けるためには、学び経験が連続していることが不可欠であるが、中央教育審議会「教員の資質能力向上特別部会」（2012）によるまとめにおいて指摘されているように、大学における教員養成と教育委員会による研修が分断化されている現状がある。このような現状をふまえて、大学の知というリソースを活用した新しい枠組みづくりが必要とされている。

教師の成長を教職キャリアとして捉え、そのステップをモデル化して、段階ごとに求められる教師像を描いておくことが欠かせない。例えば、オーストラリアではすでに教職スタンダード（Australian Professional Standards for Teachers）が作成され、7つの領域（①専門知識、②教育内容の知識と教育方法、③教職実践、④支持的で安全な学習環境の創出と維持、⑤生徒の学習に関するアセスメント、フィードバックと報告、⑥専門的な関与、⑦同僚、保護者、コミュニティとの専門的な関与）それぞれで、1）卒業レベル、2）熟達、3）高度に熟達、4）模範的の段階を設定している（ATSL, 2011）。例えば、⑤生徒の学習に関するアセスメント、フィードバックと報告では、

1) Graduate：生徒を評価し教育実践を変容させるために生徒のアセスメントデータを解釈する能力を示す
2) Proficient：教科内容に関する生徒の理解を分析・評価するためにアセスメントデータを利用して介入内容を決め教育実践を修正する
3) Highly Accomplished：学習と教育方法を評価するために内部あるいは外部の生徒アセスメントデータを利用するために同僚と作業をおこない介入方法や教育実践を変容させる
4) Lead：教育実践を改善するために内部および外部の生徒アセスメントデータを用いて生徒の学習遂行やプログラム評価をコーディネートする

の4段階を具体的に設定している（宇野, 2014）。
　このようなスタンダードを見てわかるのは、授業や子どもの見立てに教師個人が習熟していく段階を経て、学校内で若手の教師を指導し育てる立場となり、そして熟達した教師になると地域の教師コミュニティのなかでモデルを示す役割が期待される、ということである。これは、個々の教師がそれぞれにリーダーシップを発揮していくということにほかならない。

我が国の特別支援教育領域における教職キャリアを簡単にまとめてみると**図1**（はじめに、p.6）のようになる。小学校の通常の学級担任あるいは中・高等学校における教科担当者として教職キャリアをスタートした教師は、授業や学級経営力に磨きをかけてゆく。ある程度の授業経験を経て中堅（ミドル）段階になると、教育ニーズをふまえた個別・小集団指導の専門性が必要な特別支援学級担任、通級指導教室担当者や、連携・協働の調整役が期待される校内コーディネーターなどを経験する。場合によっては、特別支援学校への異動や転籍を経験することもあるだろう。そして、ベテラン段階に到達した際には、教育委員会や教育センターの指導主事として、地域全体の特別支援教育の在り方について検討するほか、教師の研修や指導を担当する立場となることがある。もちろん、このようなポジションに立つことがなくても、ベテラン教員として後輩の育成に関わっていく。

(3) 学び続ける教師と継続的専門性開発（CPD）

　学び続ける教師を育てるにあたっての課題は、学ぶにあたっての主体性をいかに維持するかにあると言っても過言ではない。教育委員会が実施する教師を対象とした研修の多くは年次別の基本研修や職務研修であり、悉皆型の研修がおこなわれることもある。教育委員会や教育センター以外の研修機会も増えてきたとはいえ、一般的な教師にとって、研修内容を自主的に選択できる環境が整っているわけではない。人事面においても、学校の校務分掌の担当者を決めるにあたって、本人の希望よりもローテーションの関係から役割が回ってくるという場合もある。結果として、職務担当者であるから研修には参加するけれども、研修内容に興味を持てないまま受動的な参加態度にとどまることになる。しかし、研修の機会をとらえて、主体的・自律的に学んでいこうとする姿勢を保つことは、学び続ける教師に不可欠である。

　学校組織としては、それまでの本人の学びを活かした方向で人事異動

や活用を図ることが重要であるが、教師個人のなかでの手応え、効力感を高めるような学びのデザインも考えなければならない。例えば、自ら学会資格を得て専門性を高めている教師が、通級指導教室担当者など専門性を求められる職種につけるような人事システム設計も欠かせない。さらに、学習が自己調整的であるために重要な事項として、目標設定の段階で興味があり自己効力感が高いこと、遂行の段階では自己モニタリング、そして振り返り・評価の段階においては原因帰属やセルフモニタリングなどが挙げられるように、自己調整型学習は個人とその人の振る舞いと環境との相互作用によって規定される（Zimmerman, 1989）。学習が自己のコントロール下にあり、フィードバックや報酬も内的であることが理想的であるが、他者からの働きかけや学習環境の状況も影響を与える。学びの環境として研修をデザインすること、さらに大きな環境として校内分掌決定・広域人事異動システムの在り方を含めて考えていくことが肝要と思われる。

　2009（平成21）年度より教員免許の更新制度が導入され、教員としての資質能力が維持されるように、最新の知識が提供される免許状更新講習を一定期間ごとに受講することが義務化された。また、教職と関連した学会関連資格制度も充実してきており、専門性の高い支援者を目指す教師も増加している。発達障害の支援に関するものとして特別支援教育士（一般社団法人特別支援教育士認定協会）、自閉症スペクトラム支援士（日本自閉症スペクトラム学会）などがあるほか、関連領域においても臨床発達心理士（臨床発達心理士認定運営機構）などの資格が誕生している。しかし、更新講習を受講することや資格維持のための単位認定それ自体が目的化する傾向も見受けられ、職能成長への主体性を持つのが難しいという課題も生じている。

　受動的な研修参加への反省から、生涯を見渡した能動的な研鑽を促すモデルとして注目されているのが継続的専門性開発（CPD：Continuing Professional Development）である。CPDの特徴は、PDCAサイクル

を主体的に回していくことにある。自己の学びの状況から課題を認識して、長期的な教職キャリアを見据えた目標設定をおこない、研修会などへの参加計画を立てて研修状況を記録していくことが求められる。研修会などでの学びの成果を振り返り、新たな研鑽を積んでいくというモデルである。CPDは、イギリス、カナダ、オーストラリアなどを中心に取り入れられており、医療、建築士、薬剤師など多くの実務家の生涯研修モデルとして採用されている。British Council（2015）が示している教師対象の枠組みにおいては、「意識」「理解」「従事（専門的実践でコンピテンシーを発揮する）」「統合」の４つのステージが示されている。教師の専門性領域として、従来の「学習者としての子ども理解」などのほか、今日的な「インクルーシブ教育の実践」「21世紀型スキルの促進」「ICTを統合」など12の主要領域が設定され、それぞれの領域で４つのステージがあるというモデルとなっている。このように課題への対応において、「使う力」としてのコンピテンシー重視であること、さらに実践の中でコンピテンシーを深化させようという統合志向を有している。また、イギリスやオーストラリアでは、CPDに対応して大学院レベルで学習期間が１セメスターのサーティフィケート、２セメスターのディプロマ、４セメスターのマスターときめ細かな学習形態が準備されている。

　CPDは、教師個人の職能成長という点で研修会などへ参加して自己研鑽するだけでなく、学校の場でもこのCPDの理念に基づいて実践を振り返り学んでいくこと、さらに身につけた専門性を通して子どもの教育へ貢献することが特徴とされる（Broad & Evans, 2006）。言い換えると、CPDは研修会などの学ぶ機会が個人内で統合されない「点」になりがちであるという反省に立つことで、one-shotでなくon goingな学びを促すものである。実際に、筆者が訪問したイギリスロンドン近郊サリー州にあるThe Park School共同校長のPaul Walsh氏も、校内の研修システムもCPDに沿って計画・立案され、それぞれの教師のキャ

リア成長が考慮された持続的なものとなっている、と述べていた。個人の成長目標に加えて学校の教育目標とカリキュラムとの整合性が考慮されるという（第2章第1節の4.も参照）。また、当然ながら学校への職に応募する際にも、CPDにおける学習、実践歴が選考上の重要な指標になってくるとのことであった。

　このように、イギリスにおけるCPDは人事システムの一環として位置づけられており、主体的な自己研鑽が自らのキャリアにつながる合理性を有している。我が国の場合は、公立学校においては教師が広域で人事異動するシステムを持っていること、教育センターが職務研修を担う中心的存在になっているところがイギリスの事情と大きく異なるところである。これらの点を考慮して、CPDの理念を展開するとすれば、「学び続ける教師」という個を中心としながら、「大学における長期研修」、「教育センター主催研修」「人事システム」を集成的に構築する必要性が見えてくる（**図2-16**）。このためには、先に述べた大学院での多様な修学形態、教育センターでの自主的研修プログラムの提供、CPD履歴

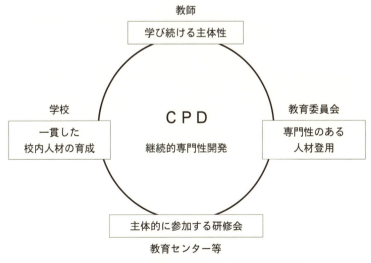

図2-16　継続的専門性開発を核とした地域人材活用システム

を考慮した人事システムを整備し、これらが有効に協働連携するグランドシステムのデザインが望まれる。

　最後に、CPDの理念から考える研修（大学院授業）の内容と方法に関するポイントを簡単に述べたい。いくつかの観点は、すでにモデル研究開発室が実施している「部長研修」に取り入れられている。部長研修では、優れた実践知を共有して気づきや新たな視点を学ぶことをねらって、緩やかな対話の場としてのワールド・カフェを研修方法として設定している。日本には対話がないとも言われる（北川・平田，2008）。学校現場で対話を生み出し、リーダー層のベテラン教師と若手教師が自らの授業実践を振り返りながら、共に学んでいく仕掛けづくりが必要となっている。2015年（平成27）度「部長研修」第2回においては、研修テーマ「ファシリテーション」についての基本的なレクチャーに続いて、兵庫教育大学大学院特別支援教育コーディネーターコース修了生から、中学校実習で取り組んだ「教科協働型授業研究会」の実践を紹介してもらい、続いて教科担当者から授業工夫のアイデアを引き出すワークショップを実施している。実践知の共有からも、学び続ける教師を育てていきたい。

（宇野　宏幸）

❖引用・参考文献

ATSL (2011). "National Professional Standards for Teachers". http://www.aitsl.edu.au/australian-professional-standards-for-teachers/standards/list.
British Council (2015). Teaching for success Continuing Professional Development (CPD) framework for teachers. http://englishagenda.britishcouncil.org/continuing-professional-development/teachers.
Broad, K. & Evans, M. (2006). A review of literature on professional development content and delivery modes for experienced teachers. https://www.oise.utoronto.ca/ite/UserFiles/File/A Review of Literatureon PD.pdf.
中央教育審議会「教員の資質能力向上特別部会」(2012). 教職生活の全体を通

じた教員の資質能力の総合的な向上方策について(審議のまとめ). http://www.mext.go.jp/b_menu/shingi/chukyo/chukyo11/sonota/__icsFiles/afieldfile/2012/05/15/1321079_1.pdf.
金井壽宏・高橋潔(2004). 組織行動の考え方 ひとを活かし組織力を高める9つのキーコンセプト. 東洋経済新報社.
北川達夫・平田オリザ(2008). ニッポンには対話がない-学びとコミュニケーションの再生. 三省堂.
Kolb, D. A. (1984). Experiential learning: Experience as the deliver source of learning and development. Prentice-Hall.
松尾睦(2006). 経験からの学習-プロフェッショナルへの成長プロセス-. 同文舘出版.
McClelland, D.C. (1973). Testing for competence rather than for "Intelligence". American Psychologist, January, pp.1-14.
大桃伸一(2012). 教職の専門性と反省的実践家. 人間生活学研究, 3号, pp.75-85.
Schön, D.A. (1983). The reflective practitioner. Basic Books, Inc. (ショーン, D.A. 佐藤学・秋田喜代美(訳), (2001) 専門家の知恵-反省的実践家は行為しながら考える. ゆみる出版)
宇野宏幸(2014). オーストラリアにおける教員養成の動向と現職教員の教職開発. 名須川知子・渡邊隆信編, 教員養成と研修の高度化 教師教育モデルカリキュラムの開発に向けて. ジアース教育新社, pp.128-135.
Zimmerman, B.J. (1989). A Social cognitive view of self-regulated academic learning. Journal of Educational Psychology, 81, pp.329-339.

本章のまとめ

　特別支援教育が2007（平成19）年より開始し、約10年の間に目覚ましい発展を遂げてきた。この章ではこれまでの成果を振り返りながら、学校現場における課題、教師と他職種との連携、教員研修の課題を取り上げてきた。コンサルテーションにおいては対話の必要性が指摘され、授業づくりにおいては学び合う授業づくりとユニバーサルデザインによる授業づくりの接点について語られてきた。イギリスの取組みを通して、他職種と連携協働した実践やリーダーシップ・チームを中心とした校内の研修システムの構築の必要性が見えてきた。シンガポールの取組みからは、ライフステージに応じた切れ目のない支援のシステム構築とそれを支える人材育成の重要性を学んだ。

　これらの課題を受けて、示された地域支援モデルでは、移行支援を通して、発達支援室と学校と協働した特別支援教育の学校づくりをデザインする取組みが紹介された。また、地域支援のリーダーの育成を目的とした「部長研修」では、対話の場を設定し、自らの実践を振り返りながら、ともに学んでいく仕掛けが紹介された。自らの実践から得られる学びを共有することで、学び続ける教師を育てていく試みであった。

　地域支援のリーダーは、こうした実践知をもとに、地域支援のビジョンを実現するための計画の立案と実行を担うためのコンピンテンシーが重要となる。そのために、教師は学び続けることが重要であり、何より学びの主体性を維持し、職能成長を図っていくことが求められる。教師が自らの学びについて、PDCAサイクルを主体的に回していくことを促すために、大学院での多様な修学形態、教育センターでの自主研修プログラムの提供、教職キャリアや自己研鑽の履歴を考慮した人事システムを整備し、これらが有機的に連携協働することが望まれる。

（岡村　章司）

第3章

地域リーダーの必要性・人材像と育成プログラム

はじめに

　兵庫教育大学特別支援教育モデル研究開発室（以下、モデル研究開発室）は、特別支援教育スーパーバイザー（仮称）（以下、スーパーバイザー）育成プログラムの開発を念頭において、その人材像についての検討をおこなってきた。本章では、まず、モデル研究開発室のコアスタッフをメンバーとする勉強会で議論や検討をおこなった成果をもとに、人材像についてのコンセプトを整理していきたい。キーワードは、「リーダーシップ」「学びのデザイン」「コミュニケーション」「地域と共生」の4つである。

　地域支援における新たな方向性（第2章）についての検討からも、スーパーバイザーがリーダーシップを発揮することの必要性が確認されてきた。近い将来、共生社会を念頭に置いたインクルーシブ教育の実現を目指していくことを考えると、リーダーシップを発揮して地域支援を推進する人材の育成が急務と思われる。これらを担う人材にふさわしい名称として「特別支援教育地域アドバンスリーダー（以下、アドバンスリーダー）」を採用することとした。アドバンスリーダーは、この名前に表現されているように、地域特別支援教育の戦略的デザインとその実行を担うことで、地域支援を推進する人材である。教職キャリアで考えた場合、通常の学級担任や教科担当者としての初任段階、校内の特別支援教育コーディネーター（以下、コーディネーター）や通級指導教室担当者などミドルリーダーに続く、地域のトップリーダーという位置づけとなる（図3－1）。

　現在の職務担当では、アドバンスリーダーは教育委員会特別支援教育担当指導主事、特別支援学校地域支援部長、特別支援教育担当加配教頭・主幹教諭および第2章第2節の2．で述べられた発達支援センター担当者等の地域トップリーダー層が該当する。将来的には、十万人規模の市

```
        ┌─────────────────┐
        │  地域トップリーダー  │
        └─────────────────┘
    担当指導主事、特別支援学校支援部長など
```

```
        ┌─────────────────┐
        │  校内ミドルリーダー  │
        └─────────────────┘
      特別支援教育コーディネーター、
    通級指導教室・特別支援学級担当者など
```

初任の担任、教科担当者

図3－1　特別支援教育における教職キャリアモデル

であれば複数名のアドバンスリーダーが配置されることが望まれ、アドバンスリーダーが職務を超えて地域の「リーダーシップ・チーム」を形成し、機能していくことが期待されよう。この形態は、一人のトップに権限と責任が集中するのではなく、緩やかな分散型リーダーシップを目指すものであって、「アドバンスリーダー」は職務担当者あるいは職種の名称を指すものではない。したがって、育成プログラムのデザインと実施にあたっては、各担当者に共通なアドバンスリーダーとしての力量を想定して、それぞれの担当者がプログラムのなかから学習モジュールを選択して、自分に必要な学習内容を履修できるような仕組みが必要となるであろう。

　本章第4節および第5節では、人材像とその役割に関する検討をベースにして、コンピテンシーモデルの作成を試み、育成プログラムの試案を提示する。コンピテンシーモデルの最大の特徴は、地域支援の文脈（状況－問題－解決）からコンピテンシー抽出までを「モジュール化」していることにある。したがって、今後の研究の発展に応じて、モジュール単位での修正・追加が容易である。また、共分散構造分析などの統計的手法を用いて、定量的にモデルの検証を実施していくことも可能であろう。パターン・ランゲージによる記述段階では、地域支援における状

況・課題を中心に、イギリスにおける学校訪問調査などを加味してパターンを作成して例示した。第2段階として、パターンをあらかじめ想定した4つのカテゴリーに分類して、これを「キー・コンピテンシー」とした。さらに、カテゴリー内で、いくつかのパターンに共通して求められる力量もあるので、複数のパターンの課題解決に必要とされる力量をまとめて「コンピテンシー」として抽出することとした。これが、第3段階である。育成プログラム開発にあたっては、モデルのシンプルさを生かしていくために、各コンピテンシーに研修パッケージを1対1対応させる。第5節の育成プログラムの類型化では、CPDの考え方を尊重して、受講者のニーズに沿うような実施形態のバリエーションを用意することが重要と考えた。そのため本書では、研修内容をアラカルトで選択する単独型、経験学習を考慮した継続型、実践知の創造を目指す大学院型の3つを例示する。

（宇野　宏幸）

第1節　なぜ特別支援教育においてリーダーシップが必要とされるのか

1．地域における課題

　特別支援教育がスタートして、特別支援学校は新しい役割として、地域学校支援のための「センター的機能」を発揮することが求められ、支援部コーディネーター専任者の配置やセンター的機能充実事業などの予算的措置が取られるようになった。センター的機能で例示されているのは、1）小中学校等の教員への支援機能、2）特別支援教育等に関する相談・情報提供機能、3）障害のある幼児児童生徒への指導・支援機能、4）福祉、医療、労働などの関係機関等との連絡・調整機能、5）小中学校等の教員に対する研修協力機能、6）障害のある幼児児童生徒への施設設備等の提供機能である（中央教育審議会，2005）。これらの機能はあくまで例示であって、答申の「すべての特別支援学校（仮称）が、制度的に一律の機能を担うこととするのは現実的ではなく、各学校の実情に応じて弾力的に対応できるようにすることが適当である。」との記述に注目しておく必要がある。地域の支援リソースや学校ニーズなどの実情をふまえて、自校のセンター的機能については「選択と集中」を、全国的にはセンター的機能の多様な展開が望まれるところである。

　様々な形でセンター的機能が実現されるようになってきているが（柘植・田中・石橋・宮崎，2012）、これまでの特別支援学校の専門性をどのように発揮するかにおいては、少なからず課題を残しているように思える。小・中学校等の教員への支援機能について考えた場合、特別支援学校の教師は知的障害や自閉性障害などの子どもに関する指導・支援法についての個別的あるいは少人数環境での専門知識や実践力を蓄積しており、この範囲であれば通常の学級担任などからの要請に応じた支援を提供することは難しくない。一方、通常の学級は最大で35〜40人の子ど

もが学ぶ集団であり、子どもどうしのダイナミックな関係が生じていること、教科内容と学びのねらいが特別支援学校のそれとは大きく異なっていることなど、これまでの専門性で対応することが容易でないケースが少なからずある。発達障害のある子どもの課題が顕在化するにあたって、学校における学習環境の複雑性や教師の対応が影響を与えており、彼らの行動特性と相性が良くないほど課題は顕在化しやすくなる。このような状況を子どもだけの問題ではなく、学校それ自体、あるいは教職の専門性や授業の在り方の課題として認識していくことも必要で、このための働きかけが実は重要である。

　特別支援学校の教師が、コンサルタントの立場で通常の学級担任の相談にあたる時、担任は教科教育や学級経営の専門家であるコンサルティとみなされる。両者が対等の立場で、クライアントである発達障害のある子どもの課題について問題を見極め、解決を図るという相互的コンサルテーションがモデルとして提案されている。しかし、担任が「発達障害のある子どもと授業（教室）環境との相互作用」という点について、必ずしも専門家でないことがある。例えば、児童期のAD/HDのある子どもは多動性が高く、授業中に離席することがしばしばある。この際に、授業中は必ず着席して静かに聞くというルールを前提に、彼らに着席行動を求めることは、子ども、教師ともに多くの苦労と困難を生むことになるかもしれない。「みんな同じように学習しましょう」という教師の教育観が前提にあると、柔軟に子どもの状態に合わせて対応することが難しくなる場合もある。彼らが動きたいのであれば、資料の配布係を担当してもらう、あるいは授業にゲーム的な要素を導入して動いてもらう、という発想の転換をしたほうが、支援対象の子どももクラス全体も学習の成果が上がるではないだろうか。このような子どもは、個別的な学習指導の場では学ぶポテンシャルを持っているが、教室環境では発揮されにくいタイプの子どもと言える。担任教師は、彼らに教室での学びにくさがあるため、結果として行動上の問題が出現しやすいことを理解する

ことが大切である。

2．リーダーシップの本質

　医師や弁護士は、専門的な知識・スキルを提供することよって、病気の治療や法律上の問題の解決を図るプロフェッショナルである。コンサルテーションの文脈で言えば「専門家モデル」である。これに対して、通常の学級を対象としたコンサルテーションにおいては、専門的な知識だけで問題が解決することは稀で、コンサルティ自身が問題の所在に気づいていないケースも意外と多い。岡村が第2章第1節「1．学校現場におけるコンサルテーションの必要性」で課題を指摘しているように、コンサルタントである特別支援学校の教師は、自分が持っている指導法に関する専門性に加えて、コンサルティから子どもの真のニーズへの「気づき」を引き出すという「新しい専門性」を身につけていく必要があろう。「答えは、相手の中にある」ということである（佐藤, 2011）。そうでないと、通常の学級の担任は、自ら主体的に発達障害のある子どもへの支援をしてく存在となっていかない。おそらく、このような状況が変わらないままであることが、小中学校等において支援の中核となる人づくりが進みにくいこと、特別支援教育の体制が構築されにくいこと、学校が主体となっての支援体制となりにくいことの本質的要因と思われる。

　学校で支援のための人的体制を整える必要性が認識されていても、人的リソースの増加を期待できない状況にあっては、既存の教師に変化をもたらす必要性が考慮されなければならない。自分は教科を教える人であり、特別支援に関わることは仕事の範囲でないと考えている教師の意識が変わって、授業の工夫や配慮が実行される。ハイフェッツ（2007）は、権威づけられたリーダーの行動と区別して、「人々に変化をもたらすこと」がリーダーシップの本質であると述べている。心筋梗塞の治療

を例にすると、外科医は診断や検査結果に基づいて手術など適切な医療行為という専門的知識やスキルを提供する。しかし、患者が食習慣や生活を変えない限りリスクは高いままで、再発の可能性がある。彼は、本人に生活習慣を変えてもらうにあたっては、その変化がもたらす苦痛や不快感を受け入れてもらうよう働きかけるリーダーシップが不可欠だという。新たな変化へ人を導き、動かすのがリーダーシップである。これまでの教師の意識や役割に変化をもたらすのも、このようなリーダーシップの働きである。

　コーディネーターは、その名前が表しているように、調整、連絡、連携を役割として期待されてきた。コーディネーターは、担任と保護者、担任と子どもを「つなぐ」ほか、学校と医療機関の連携を図ることによって、ニーズのある子どもへの支援を進める担当者である。しかし、人づくりをおこない、支援チームを機能させ、そして学校体制の構築へ向かっていかないならば、特別支援教育が地域の学校で実際に充実・発展していくことは難しいと思う。ここで求められるのは、マネジメントにとどまらずにリーダーシップを発揮できる人材を育成して、中核となって動いてもらうことにほかならない。

　　　　　　　　　　　　　　　　　　　　　　　　　（宇野　宏幸）

第2節　パターン・ランゲージによる「特別支援教育地域アドバンスリーダー」の人材像と役割に関する記述

　戦略的デザインを遂行するにあたっては、状況から課題（問題）を見つけ出し（定義し）、解決方法を考えることが仕事となる。この際に参考となる記述方法が、パターン・ランゲージである。パターン・ランゲージの方法論は、建築家のアレグザンダー（1984）によって提唱されたもので、都市環境設計において街や建物に共通する普遍的な特徴を見出して、パターンとしてまとめるというものであった。井庭（2009）は、これを「状況」「問題」「解決」をセットにした一般化された知識記述・共有方法として捉えて、実践知を伝えるためのPattern Language 3.0へ発展させた。Pattern Language 3.0は、人間の行為を対象とし、行為者をつなぐための道具であり、多様な作成メンバーがパターンを掘りおこし、記述、改善されていくものである。

　モデル研究開発室では、この考え方にならいアドバンスリーダーの人材像と役割を記述するパターン・ランゲージの作成を試みてきた（**表3－1**）。「リーダーシップ」「学びのデザイン」「コミュニケーション」「地域と共生」の4つのカテゴリーを仮設定して、発達障害支援や地域支援での課題とアドバンスリーダーの役割との関連性をできるだけ多くのパターンで記述した。現段階では試論の域ではあるが、モデル研究開発室が主催したシンポジウムなどで地域支援の第一線で活躍しているコーディネーターの実践発表内容を参考にして、複数のスタッフの検討のもと作成されたパターンも含まれている。今後は、パターンの網羅性を高めるとともにカテゴリーの妥当性について検証を図っていきたい。

　パターンの記述においては、まず「状況」をどのように捉えて認識するかが重要で、この背後にある「問題」を推測できるかどうかが鍵となるが、問題を同定することは意外と難しい。ドラッカー（2001）も、問題を明確にする必要性について「間違った問題に対する正しい答えほど、

表3-1 パターン・ランゲージによる「地域アドバンスリーダー」の人材像と役割に関する記述例

カテゴリー	パターン名	状況	問題	解決
リーダーシップ	夢を語る	子どもに関する担任、保護者の主訴が異なる	支援の重点目標について、関係者間で一致しない	将来の子ども像を描いて、夢を共有する
	デザイン思考	地域支援をどのように描くかビジョンを描けない	地域支援の全体像が把握できない	デザイン思考でアイデアから出発して、やってみて考える
	サーバント	リーダーシップを発揮する重要性が認識されていない	教育は教師個人本位という考えが強く、組織として動くという認識がない	支援関係者が動きやすいような環境整備に力を入れる新しいタイプのリーダーシップを発揮する
学びのデザイン	人づくり	巡回相談件数が増加して、十分な対応ができない	地域の学校が主体的に特別支援教育を進めていない	地域の学校において、特別支援教育をリードする人材を育成する
	経験学習	教師は、自らの授業実践の中で実は学びが得られにくい	教師個人が、周囲からの助言や指導を得られにくい学校環境にある	授業の様子を観察して、メンターとして教師がリフレクションしやすいフィードバックをする
	学び合い	初任者の基本的な授業・学級経営力が伸びない	ベテラン教師から若手へ実践知が伝わっていない	学び合いを促進するワークショップ形式研修を実施する
コミュニケーション	能ある鷹は爪を隠す	担任へアドバイスするが、授業の工夫を実行してくれない	専門用語や知識の言い回しが伝わらない	身近な例えや日常的な言葉でわかりやく説明する
	対話	校内で特別支援教育が認識されておらず、子どもの課題も共有されていない	教員間のコミュニケーションがうまくいっていない	ワールド・カフェなどをする時間と場を作り、教員間の対話を促進する
	答えは相手の中	担任や学校の主体性が育っていない	子どものニーズを捉えきらず、授業から見直すことの大切さが理解されていない	担任や学校が気づいていない子どものニーズを引き出す
地域と共生	ニーズの掘りおこし	センター的機能の例示にある取組みにとどまる	地域の支援ニーズやリソースの掘りおこしがおこわれていない	地域の学校の観察や関係者のインタビューから、ニーズやリソースを探る
	ワンストップ	就学前に早期発見されても、学校につながらず、就労・進学への支援がうまくいかない	保健、教育、福祉が縦割りで連携がうまくいかない	ワンストップで相談や支援ができる発達支援センターを構想する
	学びの多様性	子どもに主体的・能動的に学ぶ姿勢が見られない	授業スタイルが一斉授業で画一的のまま	子どもの学びの多様性を尊重した授業デザインを提案する

実りがないだけでなく害を与えるものはない」と述べている。さらに、問題を解決するための「解決」についても唯一の正解があるわけでなく、最適解あるいは納得解を導くことを念頭に置くことになる。例えば、「学びのデザイン」の「人づくり」では、巡回相談件数が増えていること自体は地域支援の信頼性が上がってきたことを意味することでもあり、これが問題として認識されない可能性もある。一方、特別支援学校などへの依存体質が過度に強まっているという認識がなされれば、この状態は地域の学校の主体性が失われていることを意味してくる。また、この状況を解決する方略も「人づくり」以外の選択肢も十分考えられ、地域の実情に合わせた戦略を練っていくことが欠かせない。したがって、アドバンスリーダーには「状況」「問題」「解決」を自ら記述して、これらの文脈を読み解く力量が求められることになる。

(宇野 宏幸)

第3節　「アドバンスリーダー」に関する力量モデル

1．基本モデルの考え方

　パターン・ランゲージから示される基本モデルは、「リーダーシップ」を中核に据えて「学びのデザイン」と「コミュニケーション」が土台となって「地域と共生」の創造に至るという形である（図3－2）。したがって、これら4つのカテゴリーに対応した「キー・コンピテンシー」をまず考えていく。ただし、表3－1で示したパターンはまだ例示の段階にあるので、網羅的なパターンを収集できた段階で、必要となるコンピテンシーを再び整理することになろう。

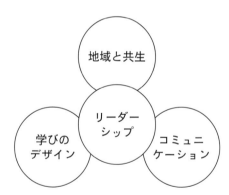

図3－2　「アドバンスリーダー」に求められる4つの力量

　育成プログラムを作成するにあたっては、アドバンスリーダーが課題解決へ向かっていくために求められるコンピテンシーを「動機づけ（意欲）」「知識」「スキル」および「認知・思考様式」と関連させて整理しておく必要がある。例えば「リーダーシップ」を発揮するためには、レクチャーを通してサーバント型リーダーシップなど最新の理論、考え方

や実践事例を知り、ワールド・カフェの対話を通じて理論知と実践知を統合し、基本スキルをワークショップの場でとりあえず試してみてフィードバックを受け、振り返りをすることによって磨き、学校や地域での実践経験のなかでコンピテンシーを高めていくことになる。他の3つのカテゴリーにおいても同様に、「動機づけ（意欲）」「知識」「スキル」に関する基本研修を経て、経験のなかでコンピテンシーを育てていくことになる。さらに、コンピテンシー形成の基盤と考えられるのが、リーダーシップでは「右脳型思考」、コミュニケーションでは「リフレーミング」「視点・意味の共有」「ストーリー構成」、学びのデザインでは「メディア・リテラシー」「ダブル・ループ学習」「リフレクション」などの認知・思考様式である。課題解決を思考したコンピテンシー形成のためには、これら認知・思考パターンの活用支援が重要となる（図3－3）。

　以下では、コンピテンシー形成支援という見地で4つのカテゴリー特徴について述べる。

図3－3　「アドバンスリーダー」に関するコンピテンシーモデル

2．リーダーシップ

　「ミッション（使命と役割）」「ビジョン（未来のあるべき姿）」「バリュー（価値の共有）」の3つは、企業戦略の視点として有名である。これらは、組織体のみならず、リーダーシップを発揮する個人にとっても変わらず重要である。個人ベースで考えるのなら、「役割」「夢」「大切にしていること」と言い換えることができる。特別支援教育のリーダー像を考えた時、ミッションとバリューについては、政策や教育内容から描くことが可能と思われる。個としてのミッションは、与えられた担当や役割から規定されるところが大きく、従来のコーディネーターでは「連携・協働」、地域型コーディネーターであれば「地域支援の充実」という言葉で表すことができるだろう。今後は、我が国の伝統と特質、地域の実情や要請に応える「インクルーシブ教育の実現」ということになろうか。バリューについては、障害児教育から特別支援教育に変わっても普遍的で重要なことを考えれば良い。例えば、「個のニーズを尊重した教育」があてはまる。意外と難しいのは、ビジョンを描くことであり、現在の情勢をふまえて「未来の具体的なイメージ」を見ることが不可欠となる。ビジョンを描くことは、虎屋のように伝統を持つ会社であっても、ICT分野のように絶えず革新が起こる分野でも普遍的な重要性がある。虎屋は、その時代の人々の嗜好をふまえて微妙に羊羹の味を変えてきたという（長沢・染谷，2007）。最も革新的企業と言われるアップルのCEOであったスティーブ・ジョブズは、ビジョナリーと呼ばれる（ウォルター，2011）。アドバンスリーダーには、現在の地域型コーディネーターの役割と重複する部分もあるが、地域全体の実態をふまえて地域支援のビジョンを持ち得るかどうかにおいて、異なる姿を持つ。

　先に述べた地域支援の状況を鑑みた時、地域での推進を担う中核的人材に求められるのは、まず、地域の声に耳を傾けつつ、将来へのビジョンを描くことである。地域に共通するフレームワークがあったとしても、

その地域の実情、例えば特別支援学校や専門機関の数や密度から違いがあるかもしれない。都市部では様々なサービスを提供する施設や支援機関があるので、センター的機能が「ニッチな市場」向けに特化する現状もある。一方で、広大な地域サポートを総合的に担っている地方の特別支援学校もある。そこで、デザイン思考とくにソーシャル・デザインというアプローチから学ぶことが有益と思われる（筧, 2014）。筧は、ソーシャル・デザインとは、「森の中に道を作ること」だと言う。また、顧客のニーズを調べるアンケート調査には現れてこない森の人々の声を直接聞くことの重要性も述べている。佐藤（2015）が教師教育の文脈で述べているように、顕在化されたデマンドへのサービス提供者となるのではなく、自律性のある専門家としてリーダーシップを発揮することが重視されなければならない。育成プログラムでは、ソーシャル・デザインのような新しいアプローチを盛り込みつつ、受講者に地域支援のデザインを構想してくためのコンピテンシーを磨いていくよう働きかける。

　国の方向性を見極めながらも、これからの時代には、地域が自律的に教育体制を創っていくことが求められるのは間違いない。そのためには、学校間、保護者、関係機関との単なる連携・調整にとどまらない真の協働（コラボレーション）を柔軟に創造していくことが重要となる。例えば、現在、知的障害特別支援学校の中・高等部の入学者が急激に増加し、行動問題へ対応していくことも求められている現状がある。地域の特別支援学級も重度化する一方で、高機能自閉症へ特化した学級を設置する自治体もある。通常の学級も、これまで以上に多様な障害のある子どもへの対応が求められていく。多様な学びの場の提供が打ち出されているように、特別支援学校、特別支援学級、通常の学級の境目が限りなく薄くなっていくものとも考えられる。とすれば、それぞれの場が主体的に特色ある教育を柔軟に打ち出さざるを得ないことは想像に難くない。

　アドバンスリーダーに期待されるのは、従来型のトップダウン的なリーダーシップではなく、教師たちを支援するボトムアップ的なリーダーシッ

プ、すなわち「サーバント型リーダーシップ」ではないかと思われる。これは、支援するリーダーシップと言い換えることも可能である。実際に、モデル研究開発室が実施した2014年度部長研修第2回においてサーバント型リーダーシップをテーマにレクチャーをおこない、その後でワールド・カフェ方式で「あなたの学校・地域にとって最適なリーダーシップとは？」というテーマで話し合ってもらったところ、参加者から「協力者を増やしていく必要性があることが実感できた」「ついつい忙しさの中で一人で頑張ってしまうことになりがちであるが、落ち着いて周囲を見わたせる時間も大切だと思いました」「グイグイひっぱるカリスマタイプの教師はいなくても、各地域校にリーダーを作っていくことはそんなに難しい話ではないかも」のように自分でも実現可能なリーダーシップとの意見が多くあった。

　小杉（2013）は、サーバント型リーダーシップを「リーダーシップ3.0」と呼んでいる。小杉によれば、カリスマ型の強力なリーダーシップを発揮したのがバージョン1.0で、その代表がナポレオンであった。高度経済成長期の日本の会社経営者に見られる調整型リーダーシップ（1.5）の代表格が、松下幸之助。そして、変革を推進するリーダー（2.0）の代表が、GE（General Electronic Company）のジャック・ウェルチということになる。ウェルチは、部門間の競争を活性化することにより、GEの業績を飛躍的に伸ばした実績がある。リーダーシップ3.0が目指すのは、自立した個人の強みをいかに活性化して、組織をうまく動かしていくか、である。人材の育成と活用が要である。具体では、メンタリング、コーチング、ファシリテーションなどの言葉が浮かぶ。マネジメントでは、ミンツバーグ流のコミュニティシップを重視した立場がある（レニール・重光，2011）。

　サーバント型リーダーシップを発揮するアドバンスリーダーが果たす重要な役割は何であろうか。一言で表現すると、地域教育における新しいタイプの「コミュニティづくり」ではないだろうか。このコミュニティ

が、未発達のアイデアや潜在的なスキルを、はっきり利用可能な知識資源に変えるという役割を担う（ウェンガー・マクダーモット・スナイダー，2002）。ベテラン教員が若手を、パーソナルな関係のもと、時には厳しく鍛えて育てていくというやり方は、もはやうまく機能しない時代となっている。今日、個へのアプローチとして、メンタリングやコーチングが重視される。日本の学校のお家芸とも言えるのが、授業研究会である。教師は、校内や地域、あるいは自主的なサークル活動として授業研究をおこなってきた。兵庫県などでは地方の特別支援学校が中心となって、地域の通級指導教室、特別支援学級担当者のネットワーキングや研究会を組織化する試みがおこなわれている。このような場づくりを積極的に展開することが、能力を持つ教師の意欲を高め、指導力向上につながっていくはずである。

　アドバンスリーダーのキャラクター設定としては、多様性があることが望ましいと思われる。例えば、保護者と自然に信頼関係を作ることができる「営業タイプ」、教育委員会を動かすほどグイグイと実行する「剛腕タイプ」、様々な情報から冷静な判断や思考をしていく「思慮型」など色々なタイプがある。研修プログラムで育成する共通した力量を考えた時、左脳によるロジカルで戦略的な面と、右脳の働きによる統合的、感性的な側面の両方をバランスよくモデル化しておくことが必要と思われる。すぐれたCEOは、感性で直感的にすぐれた判断をしている。人を動かすという役割を考えても、人々に共感を喚びおこすことの重要性がある。

　ハーバード大学公共政策大学院・ケネディスクールのハイフェッツ教授は、まさにこの領域における第一人者である（ハイフェッツ・リンスキー，2007）。ハイフェッツ氏は、リーダーシップにおいて、技術（technique）的な側面と適応（adaptation）の問題を切り分けることの大切さを説いている。技術的に解決できなければ適応を考えていかなければならない。つまり、それに関わる人々が変わらなければならない

局面が訪れるが、既存の権益や安定を失うことを伴うことから、傷みが生じる。これを理解しつつ、人に変化を求めるのがリーダーシップであると、彼は言う。

3．学びのデザイン

　アドバンスリーダーは、地域の人材育成を担うキーパーソンでもある。地域の特別支援教育で、どのような人材が必要かを探り、どのように育てるのか戦略を練る人となる。現在の教育委員会指導係担当者、教育センター研修担当者、特別支援学校の支援部担当者などが担っている役割を統括的に企画・運営するイメージである。例えば、通級指導教室を設置することと、これを担う人材育成はセットで考えておく必要がある。逆に、個別的指導を試行的に実施した時、その効果が顕著に見られたとしたら、通級的な個別指導の場を施策化していくことになろう。

　第2章第3節「2．教師の専門性と継続的専門性開発（CPD）」で述べたように、人材育成と活用は一体的に運用されることが理想的であり、相乗的な効果も期待できる。地域が必要としている人材を、地域で育てるということである。また、長期研修経験者や学会資格取得者の人材バンクを作るということもある。これにあたって、個人を動かすためのインセンティブをどうするのか考えなければならないであろう。指定した資格を取得した時、給与上の手当を考える、通常業務の少ない専任者として登用するなどがある。

　現職教師が主体的に学び続けることができるよう、その機会と場をデザインすることが肝要となる。これは、学ぶための仕掛けづくりということである。個人の教職キャリアをタテ、学校・地域をヨコの関係と捉えて、この空間をデザインすることになる。学びの場は、実践の場である学校を中心に、地域の学習コミュニティや特別支援学校、さらに教育センターや大学が取り囲む同心円構造となるのでは、と思われる。中心

となる学校自体の研修機能が進化することが理想でもある。このためには、教育センターや大学で学んだことが、学校での実践とリンクしていくことが必須条件であろう。

　学び続けるためには、研修それ自体が継続型で、循環していくことが望まれる。研修で知識や考え方を学び、それを学校で実践して、その結果についてのフィードバックを得る、そして再び新たな研修に挑戦する、ことが繰り返される。コンサルテーションを受けるというのも学びの機会であるが、この場合も継続的であることが効果を生む。初任者を対象に実施されるOJL（On the Job Learning）では、個別的にフィードバックを受けることができるが、このためのコストが大きいというのが難しいところである。

　会社のマネージャーは、その経験のなかで多くのことを学んでいることが知られている。松尾（2011）は、その要素を「ストレッチ」「振り返り（リフレクション）」「エンジョイメント（意義づけ）」の3つにまとめ、これが循環することが大切と述べている。ストレッチは、少し難しいことに挑戦するということで、ここからの学びが大きい。総合商社での海外赴任などが、これにあてはまる。大学院への長期派遣、通常学級担任から特別支援学級担任などになることもストレッチと言える。経験から学んでいくためには、良質な振り返りを絶えずしていく必要がある。振り返りは、大きく2つに分けられ、1つが「行為中の振り返り（reflection in action）」である。これは、授業の工夫が対象児に効果があったかどうか、手応えを実感するといったことでもある。もう1つが、「行為についての振り返り（reflection on action）」で、松尾のモデルでは意義づけに相当する。こちらは、授業による効果がその子どもの長期的な支援目標にどれだけ貢献し得るか、という観点を含む。松尾のモデルのユニークなところは、エンジョイメントを重視していることにある。例えば、授業の効果があった時に、教師が子どもの笑みが嬉しかったと感じることである。このような経験は、工夫の手応えの実感へ

つながり、もっと工夫をしてみようという教師の意欲を高め、次のストレッチに向かわせる。

　最近は、ワークショップ型研修が多くなっている。ワークショップは、「工房」という意味で、何かのモノを作る場である。ワークショップ型研修では、グループメンバーと協同して、支援プラン、プレゼンテーションスライド、寸劇などを作成する。ここには、「作って、さらして、振り返る」という要素が入っている（中原，2011）。作るとは「見える化」すること、「さらして」は参加者間で共有化することを表している。この場で、対話がなされることによって、気づきやアイデアが生まれ、新たな学びとなる。異質な者どうしで対話が成立すると、その際の化学反応も大きくなる。ワークショップ型授業研究で、違った立場、校種の教師がいて、コミュニケーションがうまく取れれば、学びも大きいということである。

　従来の研修会は、主に知識伝達型であった。ここでは、言語的知識によってロジカルに思考するということが要求される。この一方で、トップリーダーには、学校や地域をめぐる諸問題を発見し、解決するための「直観力」も必要である。すぐれたCEOは、直観的な判断力にすぐれているとも言われる。そのためには、全体的・統合的に物事を捉える右脳型思考が求められる。また、人を動かすためには、共感する力を磨いておくことも必要である。そのようなタイプの新しい研修形式として、ワールド・カフェが注目されている（ブラウン・アイザックス，2007）。カフェのようにくつろいだ雰囲気で、世界を旅するようにテーブルを回るというのがコンセプトである。テーブルを回っていくなかで、たくさんの人の多様な考えや視点に触れる機会を持つことで、自分の考えの捉え直しが促される。

4．コミュニケーション

　パターン・ランゲージで記述した例からもわかるように、アドバンスリーダーに求められるのは、関係者間のコミュニケーションを促す役割である。これは、従来のコーディネーターに求められていた連携（つなぐ）という中でも必要な行為であり、障害のある子どもへの指導法という専門性に対して、教師にとっての新しい専門性と言うことができる。もちろん、保護者との信頼関係を醸成するにあたってもコミュニケーションは重要である。「学びのデザイン」の領域においても、ファシリテーションなどコミュニケーション・スキルを身につけていくことはコンピテンシーの醸成において有効であろう。

　北川達夫氏と劇作家・演出家の平田オリザ氏は、日本ではそもそも"対話（dialogue）"がなされてこなかったと言っている（北川・平田, 2008）。平田氏は、我々日本人は対話することが苦手であるということを前提にしながらも、コミュニケーション力を引き出す教育が求められている、と述べている（平田, 2012）。これまでの日本の社会は、日本人としての価値観が共有され、暗黙の了解で回っていたところがある。また、学校では集団行動と協調性が重視されてきた。このように、そのコミュニティの構成員に均一性が高く、共通した了解事項がある、つまり文脈依存性が高い場合は、対話する必然性が生じない。学校においても、これまでは教師個人にクラスの運営が任され、授業も独自に工夫していくことが了解されていたということもあり、それほど教師間のコミュニケーションをとって、合意形成を進めていく必要性もなかった。

　日常のコミュニケーションをその機能から分けるとすれば、「会話」「対話」「議論」の3つになる。会話は、基本的な人間関係が維持されるよう、とくに情緒的なやりとりによって成立しているのが特徴である。「今日は、天気がいいですね」のような挨拶は、典型的な会話内容である。小津安二郎監督の名作「東京物語」で、老夫婦が見せているやりと

りは、まさに夫婦の会話で、いろいろ問いかけられても、奥さんはだいたい「そうですかー」と言っているばかりだが、これでコミュニケーションは立派に成立していた。

　グローバリゼーションの波に直面し、価値観の多様化が進んだ現代日本社会においては、相手が異なる価値観を持っている存在であるという前提で、コミュニケーションを図っていく必要がある、と指摘されている。障害のある人との共生を目指していくことも、彼らの存在を肯定的に捉え尊重していくということを前提にしている。対話がおこなわれるにあたって、最も基本的なことは、相手を理解しようとする姿勢を持つということにある。相手が発話した内容が了解できないとすれば、なぜそう言ったのかを確かめる問いをすることになる。例えば、授業研究会において、「社会の授業で、ゲーム性を取り入れるとすれば、どうしますか？」というような発話は、対話をファシリテートしていく。対話が繰り返されることで、相手が違う考えを持っているんだと、気づかされることもある。対話は、相互理解をもたらすプロセスでもある。また、共有されていない"暗黙知"が、明示的になるということもある。これは、自分が意識していない事柄が、相手からの問いかけによって浮かび上がってくるということにほかならない。

　デザイナーで企業のブランド・コンサルタントも務める佐藤可士和氏は、「答えは、相手のなかにある」と言っている（佐藤，2011）。コンサルテーションの本質は、クライアントとの対話を通して、クライアントが気づいていない、意識していないことに気づかせる、ということである。これは、コーディネーターの巡回相談や学校コンサルテーションの場合にも、そのままあてはまることであろう。担任の子どもの捉え方、授業方法や内容への認識が変わることが、課題解決への一歩である。ワークショップやコンサルテーションで、対話がなされると、新たな気づきが生まれる。周囲の状況そのものは変わらないが、対象の捉え方の変化（リフレーミング）が起こるためである。対話によって新たな「視点」

が獲得されたわけである。このように子どもや物事を見る目を変化させることを通して、担任の子どもへの対応に関連したコンピテンシーの向上が期待される。発達障害のある子どもは、しばしば、なまけていると見られがちであるが、これは障害特性によって引き起こされがちである。さらに、このような課題を解決するアイデアも、他者との対話から生まれると考えることができる。ケース検討会のファシリテーションにおいても、対話を促していくことがチーム力の発揮へつながる。

　高度に発展し、複雑化した現代社会では、専門性が細分化、深化する傾向にある。学校においても、教員のほかスクールカウンセラー、スクールソーシャルワーカーなどの専門家が子どもや家族支援に関わっている。また、ICT活用にあたる教師は、この領域での専門的な知識を備えている。特別支援教育が学校で充実していくためには、管理職とのチーム作業が不可欠であるとともに、生徒指導、研究主任、養護教諭などとの協働が求められている。この際に、やはり必要とされるのは対話を通した異領域間コミュニケーションではないかと思われる。不登校生徒の多くに発達障害が見られるように、それぞれの担当者が関わっている子どもの課題に実は違いはなく、教師の立場が異なるというだけであるかもしれない。

5．地域と共生

　今日的課題である発達障害への地域支援および体制の充実、そして将来のインクルーシブ教育の実現へ向けた地域づくりを担っていくのがアドバンスリーダーである。アドバンスリーダーがミッションを実際に遂行するにあたっては、自らリーダーシップを戦略的に発揮する部分と、「学びのデザイン」「コミュニケーション」をサーバント的に仕組む部分と、関係者とともに「地域と共生」に関わる諸問題を見立てて解決する部分に区別して捉えたい。

アドバンスリーダーのマインドとして、これまでの「同一性」を重視した教育観から、学びの「多様性（diversity）」を認め、自らが「調和」と「共存」を志向した教育観を持つとともに、地域の教師に対して変化をもたらす役割を持つことが求められる。すでに、インクルーシブ教育システム構築にあたって、「多様な学びの場」の提供がスタートしている。さらに、今後我が国の教育に大きな影響を与えることが予想される能力概念である「キー・コンピテンシー（OECD, 2005）」の意義を理解しておくことも必要である。教育の役割が知識の単なる伝達からコンピテンシー育成へ変貌しつつあることに伴って、教師の役割も「授業する人」からコンピテンシー育成のために「授業をデザインする人」へ変わってくる。おそらく、このあたりが21世紀の新しい教師の専門性となってくるだろう。さらに、これらをふまえて障害のある子どもの授業への参画の仕方が変わることも認識されなければならない。この文脈では、障害を持っているかどうか、また障害の違いによって別個の教育課程が編成されるということではなく、例えば「明治維新と日本の近代化」という同じ学習テーマ設定のもと、異なる役割を果たしながら、自分にあった学びを得ていく、ということになる。

地域デザインにあたっては、従来型のアンケートで判明する顕在化したニーズだけでなく、「潜在的な顧客ニーズ」を探り出す必要性もある。これにあたっては、ソーシャル・デザインの考え方も取り入れて（筧, 2014）、自ら地域という複雑な「森」の中に入り、森の全容を理解するところから、地域支援の構想を「地図」として描き、森の住人を育て同志となる仲間を作り、「道」を造って共生する地域を実現していくことがポイントとなる。おそらく地域の課題を真剣に捉えようとすれば、その実態は複合的で「本質」を理解することは極めて困難であることが予想される。我が国の学校制度は、どちらかと言うと全国あまねく一定水準の教育を提供するという考えのもとで設計された、剛構造で安定的なシステムである。個々の子どものニーズに沿って、あるいは地域の実情

を考慮して柔軟に対応するという前に、法的規制が存在する場合もある。早期支援と就労まで一貫したサポート体制が重要と指摘されながらも、保健、福祉と教育の間に温度差が生じることも未だ珍しくない。地域によってサポート資源の量と質も大きく異なっており、都市部ではセンター的機能もニッチな市場（例えば、特別支援学級担任へのサポート）に特化した方が良い場合もある。一方、地方では教育センターなどが設置されていないこともあり、特別支援教育に関わる全般的な人材育成を一手に引き受けている場合もある。

　このような状況のなかでの1つの答えが、「発達支援室（センター）モデル」ではないだろうか。特別支援学校のセンター的機能は、これまでの障害に関する専門性に裏打ちされた、特別支援教育から提供される「広域支援専門家モデル」である。もちろん、センター的機能は幼稚園から高等学校に至る学校間連携や専門機関との協働をつなぐ役割を果たしている。一方、「発達支援室モデル」は市町部局の保健、福祉、教育の一体運営を前提とした地域モデルであり、相応の人口規模がある自治体では真剣な検討をするに値するだろう。本書で小林（第2章第2節の2.）も述べていたように、就学前の個別療育から小学校入学後までのきめ細かなフォローアップとともに、学校コンサルテーションも一体でおこなえるメリットが多分にある。さらに、小学校での豊富な授業経験を持ちかつ、特別支援教育士のような専門資格を有する教師がこれを担うのは理想的とも言える。CPDによる教師個人の職能成長を図るとともに、学び続ける教師に活躍の場を提供する地域支援システムを戦略的に構築するのも、また、アドバンスリーダーの役割である。

　　　　　　　　　　　　　　　　　　　　　　（宇野　宏幸）

第4節　研修パッケージと育成プログラムの考え方

1．パターン・ランゲージからコンピテンシーへ

　第2節では、地域リーダーが担う役割についてパターン・ランゲージの形式で記述を試みた。本節では、まず、アドバンスリーダーの役割を果たすにあたって必要とされるコンピテンシーについて検討してみたい。基本的に、パターン・ランゲージで作成した各カテゴリーがキー・コンピテンシーに対応すると考えた。すなわち、キー・コンピテンシーは「リーダーシップを発揮する力」「自ら学び、人を育てる力」「コミュニケーションを促す、関係をつくる力」「共生する地域を実現する力」の4つである。

　次に、キー・コンピテンシーの下位に、複数の類似したパターンをまとめて、より具体的な内容のコンピテンシーを設定した（**表3－2**）。例えば、「リーダーシップを発揮する力」の下にコンピテンシーとして「戦略的に地域支援プランを作成する力」を設定して、このコンピテンシーを構成する要素として、「知識（理論＋実践）」「基本スキル」「認知・思考・行動様式等」を設けた。

　コンピテンシーを発揮するにあたって、知識として「システム思考、ロジカル・シンキングの考え方やその特徴、論点思考」、基本スキルとして「MECE（モレなく、ダブりなく）、ロジック・ツリー、SWOT（強み・弱み・機会・脅威）分析、イシュー・ツリー」などが該当する。さらに、これらを効果的に活用するための認知・思考・行動様式等の例として、様々な状況に合わせて支援プランを柔軟に作成するための左脳型情報処理やプランニング力が挙げられる。

表3-2　「特別支援教育地域支援アドバンスリーダー」に求められるコンピテンシーの整理

キー・コンピテンシー		コンピテンシー	知識(理論+実践)	基本スキル	認知・思考・行動様式等	配慮点
A	リーダーシップを発揮する	1 サーバントリーダーシップを発揮する	リーダーシップのタイプと代表的人物、おもてなしの心	傾聴	サービスマインド、バックアップ志向、受容、感知力、共に学ぶ	
		2 戦略的に地域支援プランを作成する	システム思考、ロジカル・シンキングの特徴、論点思考	MECE、ロジック・ツリー、SWOT分析、イシュー・ツリー	左脳型情報処理、プランニング	
		3 志を持つ仲間とつながる	コアチームのつくり方	コミュニケーション全般	ネットワーキング志向、向学心	
		4 子ども、授業の捉え方を変える	発達障害の特性、教科内容の知識(PCK)、ダブル・ループ学習	チェックリストの活用、対話	リフレーミング	
B	自ら学び、人を育てる	1 経験から学ぶ	経験学習	経験学習ノートの活用	PDCA、リフレクション	
		2 価値のあることを広める	ARCSモデル	プレゼン	デザイン思考	
		3 学びの場をつくる	協同学習、事例研究、正統的周辺参加	ファシリテーション、コーチングアワセルブズ、インシデントプロセス法	他者からの学び志向、場のデザイン、インフォーマル	
		4 暗黙知を伝える	暗黙知とは何か、熟達教師の実践事例	即興	動作化、言語化、フィードバック	
C	コミュニケーションを促す、関係をつくる	1 アイデアを引き出す	協(共)創	質問力、ブレインストーミング、ファシリテーション	創発	自ら語りすぎない
		2 相手からニーズを引き出す	人を援助するということ、答えは相手の中にあること	演劇づくり、プロセス・コンサルテーション、対話	他者意図理解、意味の共有	共感、専門知識の提供にとどまらない
		3 合意形成を促す	交渉術	傾聴、調停、親和図法	情動コントロール、意義の共有	
		4 地域関係者の考えを知り、自分を見つめる	他者と自分の実践経験	ワールド・カフェ	共感	単なる情報交換に終始しないよう、具体的な検討内容を提示する
D	共生する地域を実現する	1 地域性をふまえ地域支援のビジョンを描く	ソーシャルデザイン	フィールド・ワーク、2軸図、20の質問	右脳型情報処理	森の声を聞くように、人の意見に耳を傾ける
		2 学びの多様性をふまえて学校づくりを推進する	多様性理解、共生社会、スクールクラスター	学校コンサルテーション	協働志向	
		3 インクルーシブ教育のイメージを共有する	世界のインクルーシブ教育	ワールド・カフェ、ストーリーテリング	イメージ化	
		4 地域支援プランを実行し、修正する	目標マップ	ペア学習、見える化、バリューグラフ	PDCA	

2．コンピテンシーと対応した研修パッケージ内容

　育成プログラムを構成する基本単位として、「パッケージ」を設定した。パッケージは、各コンピテンシーに対応するようデザインされる。このなかには、先に述べた「知識（理論＋実践）」「基本スキル」「認知・思考・行動様式等」および「配慮点」が含まれている。

　制度、海外事情、全国的な動向、研究成果やモデルなど基礎的・理論的知識は、大学教員あるいは指導主事から提供される。例えば「学びの多様性」とは何を意味するのか、あるいは「経験学習」のようなモデルの考え方、捉え方とポイントについてレクチャーを通して伝える。実践知は、可能であれば現場の教師から関連した実践事例を提供してもらうことになろう。基本スキルは、ワークショップの体験を通して学習される。表3－2中のC1「アイデアを引き出す」の基本的スキルは、例えば質問力である。質問力は、「対話」の基本要素でもあり、「意味」を共有していく時の相手への働きかけでもある。「○○についてどう考えますか？」「○○は具体的にどうなりますか？」など基本的なものを想定している。また、質問スキルにはテレビ東京の番組「カンブリア宮殿」で村上龍氏が経営者へ投げかける「不況が大好き、らしいが、それはなぜか」のような本質を問う質問まで様々である（村上, 2013）。村上氏は、会社によってそれぞれ違う経営の本質を問うている。村上氏の質問術には、単なるスキルを超えた本質を見出す力が含まれている。

　「認知・思考・行動様式等」は、コンピテンシーの「氷山モデル」（スペンサー＆スペンサー, 2011）で言うところの見えない個人特性の部分であり、態度や動機づけもここに含まれる。「知識」「スキル」が氷山の見えている部分で、客観的に評価可能な部分でもある。氷山の見えている部分は研修で獲得しやすい一方、水面下の見えない部分を育てるのは短期間では難しいとも言われる。単独研修の限られた時間を考えると、動機づけを高め、態度形成を促してコンピテンシーを磨く何らかの

きっかけを仕掛けるというのが限界かもしれない。

　1つのパッケージの実施時間は、途中10分間の休憩を入れて3時間である。基礎的・理論的な知識、例えば「インクルーシブ教育とは」は、通常、パワーポイントを使用したレクチャー形式でおこなわれるが、学習テーマの導入やきっかけと考えて、20分程度の長さが良いであろう。続いて、学校でコーディネーターとして活躍している教師に、テーマと関連した実践事例を紹介してもらう。これも、20分程度の時間とする。最後の全体発表に30分確保すると、ワークショップに使える時間は、100分くらいである。

3．学びの動機づけを考慮した研修デザイン

　まず基本として、アンドラゴジー（andragogy、成人教育学）の考えに沿って、大人の学び支援の立場で研修パッケージをデザインする。子どもの教育（pedagogy）と比較して、アンドラゴジーにおいては、学習者の主体的な参加と評価、経験に基づく学習の重要性、本人が関わっている仕事内容に関連した学習、知識よりも課題解決志向という特徴が見られる（三原, 1990）。

　心理学的には、学習への能動的関与を重視する「自己調整学習（self-regulated learning）」という見方が、教師教育へ示唆を与えてくれる。これは、平易な言葉で言えば「自ら学ぶ力」であり、学び続ける教師にとって不可欠な学びのスタイルである。自己調整学習を支えているのが「やれば、できそうかな」という言葉で表現される「自己効力感（self efficacy）」であり、これが動機づけの向上、学習方略の選択、メタ認知に効果を及ぼすと言われる。PDCAにおいては合理的・論理的な判断のみならず、目標設定や計画では興味・関心や学習方略の選択、実行や評価では自己モニタリングを含む原因帰属（成績が良くなったのは何が要因か）など、情意的側面やメタ認知が影響する。このように自己調整

学習は、学習方略の在り方だけでなく、動機づけや評価の観点も含む学びのプロセス全体に関わっている（伊藤, 2010）。

　さらに、研修パッケージの実装段階での方策として、参加者の主体的・能動的な学び「アクティブ・ラーニング」化を図る。研修への参加と学びに関わる動機づけについて検討しておくことは、重要と思われる。第2章第3節「2．教師の専門性と継続的専門性開発（CPD）」において述べたように、自発的な参加を前提とした選択型の受講が好ましい。加えて、「部長研修」のように、職務担当者を対象とした研修で、参加者の過去の経験や学びが多様である場合には、研修テーマのもとでの内容面での配慮や、研修の実施方法において参加者の興味を引く工夫が求められる。「部長研修」では、おもてなしを大切に、テーマに沿った会場雰囲気の演出（例えば、リーダーシップを発揮した著名な人物の顔写真のスライドショー）やパッケージの工夫（目標が書いてある短冊をつけた風鈴を作成してディスプレイ）を実施している。また、アクティブ・ラーニング化を目指すにあたって、本節の5．で述べるワークショップを核としたパッケージ構成とするほか、継続型育成プログラムでは経験学習の要素に加えて、自らが実施している地域支援について途中経過を振り返り、次回研修までの実施目標の検討をおこなう。

　また、パッケージ化にあたって、ケラー（2010）が提唱したARCSモデルの考え方をふまえた研修方法を取り入れる（**図3－4**）。第1段階では、参加者の好奇心、興味・関心、ビデオを用いた視覚的効果、ゲーム性や動きの導入などによって「注意（attention）」を高める工夫を実施する。第2段階では、「関連性（relevance）」に関する事柄を提示する。教師向けであれば、テーマに関連した理論や内容の紹介に加えて、実践事例を盛り込んで、学校現場における自己の課題解決にあたってヒントになる内容が提示されるのが好ましい。この場合、可能であれば実施者から話題提供してもらうのが良いだろう。第3段階の「自信（confidence）」の醸成を促すにあたっては、まず同志である参加者間で

共感が生まれやすいワールド・カフェのような雰囲気づくりが欠かせない。このような場で参加者間に共感と信頼関係が生まれ、さらに対話がなされることによって、学びの意味が共有されていくことが大切と思われる。ワークショップを体験して実際にやってみて出来たという手応えは、自己効力感の形成につながる。とりあえずプロトタイプを作って、周囲から評価されるという体験も自信へつながるだろう。最後の「満足（satisfaction）」の段階は、この研修に参加して良かったと思える、ということである。ここには、自分が大切にしている教育上の価値観や信念が損なわれないこと、これまでの取組みが肯定的に思えること、さらに研修で自分の学びがあったことや今後の実践に有益な知見が得られたことなどが影響する。

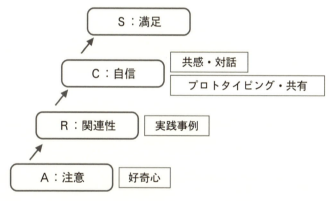

図3-4　ARCSモデルから見たパッケージの特徴

4．研修パッケージ・育成プログラムデザインの考え方

本書は、特別支援教育における地域のトップリーダーであるアドバンスリーダー育成を目指した研修パッケージと育成プログラム開発を念頭に置いている。そのために、我が国の地域支援の現状と課題についての検討から、課題解決のために必要とされるコンピテンシーを考えて、研

修パッケージ化を図ることとした（はじめに**図1**、p.6）。さらに、これらの人材を育て磨いてくための育成プログラムデザインの在り方について試論を提案することとする。

　教職キャリア（図3−1）から考えると、育成プログラム対象者はミドル段階で何らかの特別支援教育に関する専門的知識と経験を経て、受講すると想定される。したがって、診断や行動特性などの発達障害に関する基本的知識、発達検査などのフォーマル・アセスメント、ソーシャル・スキルトレーニングなどの指導面、通常の学級の授業・学級経営の工夫等は、原則として、本プログラムの内容に含まれない。コンサルテーションやファシリテーションのスキル的知識については、本来はミドルリーダーとして身につけておく事柄と考えられるので、本プログラムのコミュニケーションに関連するパッケージでは、これらのスキルを実践において効果的に活用するためのコンピテンシー育成に焦点をあてる。

　また、地域リーダーの人材像と育成プログラムの関係についても考えておかなければならない。これは、「資質」と「能力」の問題でもあり、コンピテンシーという概念の多義性・複雑性にも及ぶ問題でもある。企業においては、人事採用、育成、人事考課にコンピテンシーをどのように適用するのか、という議論がある。氷山モデルの水面下に隠れる動機づけ、態度、信念、性格などの側面は外から見えにくく、成人期までにその基盤が出来上がっており、育成が難しい。したがって、まずはこのような人格的な面で地域リーダーにふさわしい人物を見つけて、地域リーダーの候補とすることが肝要と思われる。研修パッケージでは、必要とされるコンピテンシーを磨くための知識・スキルの提供のみならず、課題解決を志向させることに加えて、コンピテンシー育成のためのリフレクションの機会や気づきのための仕掛けを設定し、地域支援のビジョン形成につながるようにする。換言すれば、研修パッケージの目的は、知識と経験から「活用する力」であるコンピテンシーを総合的に伸ばすことにある。

育成プログラムとしてみた場合は、継続的専門性開発（CPD）の考え方で示されているように、単発ではなく継続性があること、学校内研修システムとのリンクを図ることが効果的であるための必須要件となる。育成プログラム全体としてのねらいは、コンピテンシーの醸成を通しての地域リーダー育成にある。このため、地域や学校における実践経験を通しての学びを重視した上で、提供期間のバリエーションを短期から長期まで設定する。期間の長短には、内容の量と質だけでなく、振り返りの質をも反映させるのが本育成プログラムの特徴となっている。長期の場合（大学院型）では、経験の抽象化・概念化に至る深化した学びの提供や実践知の創造も視野に入るので、長期派遣教員の場合には派遣元の教育委員会（センター）との協働作業として、在学中に取り組んだ実践研究の教材化や研修パッケージ化にも対応する。

5．ワークショップを核とした研修パッケージ

これまでの議論をふまえて、研修パッケージの実装にあたっては、ワークショップを核としてコンピテンシーの形成を図るよう考えた（図3－5）。パッケージの前半にはワークショップの「前座」として、理論知であるモデルや研究成果、実践知である事例の紹介を実施する。これは、あくまでも参加者の「発火」を促すための「導火線」という位置づけである。「発火」は、参加者に新たな気づきがもたらされること、視点の転換、リフレーミングや「創発」が起こることを意味する。これらの変化、つまり学びを担うのがワークショップである。また、後半にはワークショップと全体の「総括」を設定する。ワークショップ経験のなかで理論知と実践知との統合を図り、総括の場で実践に結びつくよう具体的な知識と経験を「概念化」する。また、経験からの学びにおいては、その行為が実際に起こっている最中の振り返り（reflection in action）と行為を意味づける振り返り（reflection on action）を区別して考え

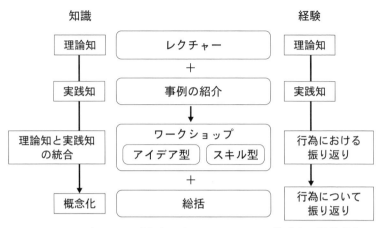

図3−5 ワークショップを中心としたパッケージ構成と理論的枠組み

ることが大切であり、この2つはそれぞれワークショップと総括における振り返りに対応する。この意味で、ワークショップはミクロな経験学習の場である。

　ワークショップは、解決策などのアイデアを生成するタイプ（アイデア型）と、体を動かしてファシリテーションスキルを習得することを目的としたタイプ（スキル型）に分けられる。なお、第4章第1節の3．で取り上げる「演劇づくりワークショップ」は、対話に加えて身振りや感情表現など非言語的コミュニケーションの要素も入るため、ハイブリッド型となる。いずれのタイプでも「作って、さらして、考える」というワークショップ・プロセスが含まれる。

　ワークショップの語源的な由来は、イタリアのフィレンツェで見られるような「工房（workshop）」という語である。工房では、モノを作るという行為とモノをディスプレイする場が共存している。そのため、職人は顧客からの賞賛やクレームなどの直接的フィードバックから、より良いモノづくりにつなげることができた。研修パッケージにおけるワークショップの立ち位置は、まさに工房のそれと同じであり、参加者どう

しの相互的フィードバックの場を上手に設けることが要となる。また、工房で生み出されるのがモノであることも大切で、この点は、参加者間で共有化されるためには、考え方など見えないモノを見える形にすることが大切となる。

ワークショップでは、フィードバックの「正当性」も考慮に入れると良い。発達障害への対応で言われるように、例えば、AD/HDの子どもには即時的でシールなどの見える化されたフィードバックが有効である。また、自閉症スペクトラム障害の場合にあっては、一般的に使用される言語的賞賛の効果は少なく、彼らの興味・関心に沿った報酬やフィードバックが伴われないといけない。ロールプレイ時にiPadで撮影して、その場で再生するだけでもフィードバック情報が多いが、参加者で一緒にその様子を見ることができれば、さらに有益な助言を得られるかもしれない。

どのワークショップでも大切なことは、直感でおこなっている無意識の行為（例えば、コンサルテーションの状況で相手のニーズを上手に引き出す質問をしている）を振り返ることによって、参加者がその意味を言語的あるいは非言語的に意識化することにある。これによって状況が整理され、参加者間で状況や問題の共有が容易となる。アイデアが生み出されるためには、情報が整理され、その関係が把握されることがまず大切である（ヤング、1988）。情報を整理して、発想へ導く方法としてはKJ法が著名である（川喜田、1967）。アイデア型の場合においては、対話による参加者間の意味の擦り合わせ（共有）が生じることが期待される。さらに、価値観が異なる異質性の高い参加者間での対話が成立すれば、新たな発見や価値の創造（創発）につながる可能性が高い。このような成果を生み出すためには、ワークショップの場での仕掛けづくりが欠かせない。プロトタイプを共同してつくるということも、この1つである。

さらに、ワークショップの可能性として指摘されていることに、偶然

性への備えがある（中西，2006）。これは、状況が変わった時に活かせるアイデアや技術を持っておくことが、トップリーダーにとって変化の激しい時代を乗り越えるためのコンピテンシーになる、という見方である。まさに熟達教師に見られるような多くの引き出しを持ち、状況に応じて取り出す臨機応変力でもある。ワークショップは、偶然を活かす「中立的な何か」を生み出す場になる。中西は、この考えを進化における木村学説を取り上げながら説明している。恐竜が存在していたことは、弱小動物であった哺乳類の生存にとって脅威であったが、恐竜が絶滅するに至って、哺乳類にとっての恐竜という拘束条件が取り除かれ、その結果として哺乳類は爆発的な進化を遂げていった。このような拘束条件の緩和に備えておくことが、偶然の機会を活かすことにつながる。

6．研修パッケージの構成例「アイデアを引き出す」

　出来るだけたくさんのアイデアを出すにあたって、一般的にブレインストーミングの形式でアイデアを拡散する手法が取られるが、本項では学校現場で「アイデアを引き出す」必要性が生まれる背景、課題（理論知・実践知）とスキルをふまえたワークショップ中心の研修パッケージ構成例を紹介する。パッケージでは、振り返りを通した学びを促すことをねらって、振り返りの機会をグループ、全体、個人それぞれで設定している。このプロセスで、教員間の協働から生まれる集合知の形成を図るとともに、個人レベルでの学びとの調和を目指す。基本的構成は図3－5で示したスキーマを踏襲して、「理論知」「実践知」「グループワーク」「総括」の下に、より具体的な小項目を設定して各小項目のポイントと内容を示した（表3－3）。

　本研修パッケージは、モデル研究開発室が実施した2015（平成27）年度「部長研修」第2回の内容をふまえて構成した。部長研修の参加者は、県立特別支援学校のコーディネーターが多く、ほかに市立特別支援学校

第3章 地域リーダーの必要性・人材像と育成プログラム 179

表3−3 コンピテンシー「アイデアを引き出す」の研修パッケージ内容

大項目	中項目	小項目	ポイント	内容
知識	理論知	背景	・中学校における教科担任制と教師間の共通認識	学校現場のシステム的課題を提示
		課題	・特別支援教育的観点での授業研究会とテーマの焦点化	既存の研究会リソースを有効活用するとともに、研究テーマを焦点化する必要性
		スキル	・質問力	振り返りやリフレーミングを促し、アイデアを引き出すための具体的方法を例示
	実践知	対象	・多動性、衝動性が高いアスペルガー障害のある生徒	知的には高いがクラスでの授業に参加していない
		授業形式	・知的伝達型の一斉授業	伝達する知識量が多く、対象生徒の注意が持続しない
		情報	・個別指導で見えたことを英語教師へ伝達	ゲーム性を入れると、意欲的に学習する
		学習意欲	・ゲーム性を導入した英語の授業風景	英語の授業で参加できている様子をビデオで紹介、自己効力感の上昇
		授業研究会	・質問力を生かしたファシリテーション	ゲーム性に着目して、教科担当者の授業アイデアを引き出す
ワークショップ	グループワーク	グループ振り返り1	・レクチャー後の意見交換	レクチャー内容を振り返り、理論知と実践知の統合について考える
		ロールプレイ	・教科協働型授業研究会をシミュレーション	コーディネーター（進行）、各教科担当者役を設定
		役割交替	・立場を変えてのロールプレイ	参加者は、コーディネーター役と教科担当者役の両方を経験
		グループ振り返り2	・ロールプレイ後の意見交換	ファシリテーション・質問力のポイントについて確認
		プロトタイピング	・グループでロールプレイビデオを作成	振り返り結果、伝えたいことをふまえてロールプレイビデオを作成
	総括	共有	・グループが作成したロールプレイビデオの上映	全体会でグループの学びをシェア
		全体振り返り	・ビデオ内容に関する質疑応答	ビデオで何を伝えたかったか確認をおこない、新たなアイデアの創出を目指す
		個人振り返り	・研修全体について個人で振り返り	個人で研修全体を振り返り、知識とワークの統合について考える

勤務者も含まれる。本パッケージでは、中学校における教科担当制を扱っているが、県立特別支援学校に勤務する教師には、県立高等学校での教職経験を経ている者が相当数いる。特別支援学校のコーディネーターの場合は、地域の中学校や高等学校を外部から支援するという立場であることから、対象学校の推進体制や人づくりについて間接的に関わる立場にある。また、このパッケージは、中学校のコーディネーターや教科担当者を対象として実施することも適当である。

　理論知の提供においては、まず中学校で特別支援教育が進展していくにあたって問題となるシステム的背景を押さえる。小学校は基本的にクラス担任制であるが、中学校では教科担当制であるために、一般的に教師間の情報共有が難しく、一貫した対応を取っていくのが容易でないと言われる。しかし、裏を返せば、これは対象生徒に関わっている複数の教師から多面的な理解がもたらされるという利点が内包されている。とすれば、第1には生徒に関する情報共有、第2には情報から支援のアイデアを出していくことが大切となる。

　次に、支援リソースの有効活用という課題があるが、既存リソースの変形・活用が現実的であり、この点でアイデアが生かされるのが望ましい。我が国では、伝統的に教科ベースの授業研究会が盛んにおこなわれており、校内研修の一環にもなっている。そこで、授業研究会に特別支援教育の観点を取り入れていくことは有益と思われる。これにあたっては、従来型の指導案作成→授業参観→事後検討会という流れに多少の修正を加える必要がある。指導案作成に時間をかけず、on goingな授業風景からポイントとなる場面を切り出して、研究会参加者間で共有化を図り、ここからアイデアを産出する方が良い。理論知提供の最後部分では、この際に必要な基本スキルとしてファシリテーション、とくに「質問力」が重要であることを述べる。この質問力においては、参加者の日々の実践と研究会で提示された内容を統合してアイデアが生まれるように、振り返りやリフレーミングを促すことが大切であることを強調する。

実践知の提供部分は、兵庫教育大学大学院特別支援教育コーディネーターコース修了生が在学中に取り組んだ事例「教科協働型授業研究会」から構成されている（竹内，2014）。支援対象の生徒は、アスペルガー障害と診断を受けている中学校2年生の男子生徒であった。生徒は、小学校では周囲の理解も得られ、支援も手厚かったこともあり落ち着いて生活できていた。中学校に入学すると、他の小学校から進学して彼のことを知らない生徒も数多く、トラブルが頻繁に起こっていた。2年生になると生徒間の関係は落ち着いたが、クラスでの授業に参加する様子が見られず、知的には非常に高い生徒であったにもかかわらず、成績は低迷状態であった。授業中の様子を見ると、とくに一斉授業形式で教師が説明している時間帯で、落ち着きながなく、あるいは机に伏してしまうという状況であった。このような様子から、クラスでの授業形式に彼の学びのスタイルが合っていないことが推測された。院生が、彼を対象とした個別的指導に取り組んだところ、当初は英単語の学習に抵抗感が大きかったが、ゲーム的要素を導入すると意欲的に取り組む姿勢が見られた。そこで、英語を担当していた教師に個別的指導の様子を伝え、クラスの授業でもゲーム的要素や動きを取り入れてはどうかと提案をおこなった。

　教科協働型授業研究会では、初めに英語の時間に実施された班対抗英単語しりとりゲームの場面を5分程度のビデオにまとめたものを参加者に見てもらった。参加者は、コーディネーター役（ファシリテーター）をする院生、英語、社会、国語担当者でほかに教頭も参加していた。この授業研究会のねらいはゲーム性に着目してもらうことにあり、教科担当者の授業でどのような工夫をすることができるか、そのためのアイデアを引き出すことにあった（図3－6）。院生は、参加している教師に「（ビデオを見て）社会科では、どのように思われましたか？」「社会科の授業で、ゲーム性を取り入れるとすると、どのような工夫が考えられますか？」などの質問をして、具体的なアイデアを引き出していた。

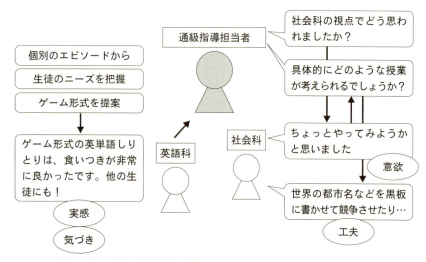

図3-6 教科協働型授業研究会におけるファシリテーション

　以上のレクチャーをふまえて、グループワークに取り組んでもらう。ロールプレイのローテーションをおこなうことを考えると、グループの人数は5人が望ましい。コーディネーター役、教科担当者役3名とビデオ撮影担当の1名である。手軽さから言うと、iPadを用いるのが好ましく、AppleのAirplay機能を使えば、Apple TV経由で簡単に大型液晶テレビに撮影内容を映すことが可能である。最初のレクチャーに40分、最後の総括に30分（この場合、2グループの発表）と休憩時間の10分で計80分である。研修パッケージ全体の時間が3時間とすると、グループワークにあてることができる時間は、残り100分となる。授業研究会のロールプレイ1回に7分間とその後の相互フィードバックに3分間とると、5人で計50分間必要である。プロトタイピングのビデオ撮影に10分間とすると、これらのグループワーク合計が60分間となる。残り40分程度をプロトタイプビデオの全体会での発表、振り返りと総括に充当することができる。

　グループワークは、まずレクチャー内容の振り返りからスタートする。

これまでの自らの実践に照らし合わせて、今回提供された理論知と実践知を統合して考えることがねらいとなる。この際には、各自がレクチャー中に考えたメモを共有する工夫があると良いだろう。次いで、実践事例で紹介された教科協働型授業研究会のロールプレイに移る。ロールプレイ7分、その後の相互的なフィードバックに3分程度の時間をとる。グループ人数分のローテーションをすることで、コーディネーター役（ファシリテーター）、教科担当者役をこなすことにより、両方の立場を経験する。また、撮影も担当することで全体を客観的に見る立ち位置も経験する。ローテーションが全て終了したら、ロールプレイの経験も入れた振り返りをグループで持つ。このなかで、全体会（総括）発表用のビデオ撮影でのねらいを考えて、伝えたいポイントを絞る。これが終了したら、プロトタイピングとしてのロールプレイビデオ撮影を実施する。

　総括の時間においては、代表として2つくらいのグループからビデオ発表してもらい、参加者全員で内容をシェアする。引き続き質疑応答の時間をとって、作成の意図が伝わったかどうか確認するとともに、参加者からの意見を発表してもらう。この全体会のなかでも、参加者にさらなる気づきが生まれることが期待される。全体会の終わりに、個人単位の振り返りワークを設定して、研修会全体を通してどのようなことに気づいたのか、どのような新しい学びがあったのか記述してもらう。

（宇野　宏幸）

第5節　育成プログラムの類型化

継続的専門性開発（CPD）の考え方を導入して、3つのタイプの育成プログラムを例示する（**図3－7**）。研修パッケージを組み合わせて単発的に実施する「単独型」、1年間程度の期間を想定して数回の研修会を継続して実施する「継続型」、そして2年制大学院を想定してカリキュラムを構成する「大学院型」である。単独型では、ワークショップの中でミクロに経験学習をするが、継続型ではこれが学校実践でマクロに展開され、さらに大学院型では行為についての振り返りが現職教師間

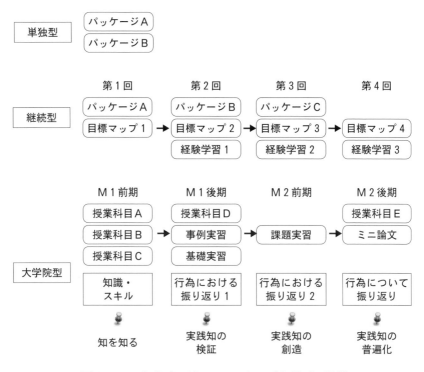

図3－7　育成プログラムの3タイプと学びの特徴

で高度化されることにより、「実践知の創造」と「実践知の普遍化」へ発展するようデザインした。

単独型は、コンピテンシーベースの研修パッケージをいくつか組み合わせて公開講座などの機会に実施するタイプである。基本的に、受講者自身が業務上必要とするものから、あるいは興味・関心の高い内容のパッケージを選択する。主催者が、指導主事向け、特別支援学校支援部長向けなどの例示をすることも適当である。加えて、基調講演やシンポジウムとの組み合わせも効果的である。

継続型はモデル研究開発室が実施してきた「部長研修」タイプで、年間に4回程度の講座を連続しておこなう。単独型で実施するパッケージの内容に加えて、「目標マップ」のフォローアップと「経験学習」が加わる。それぞれ、コンピテンシー（**表3－2**）では、D4「地域支援プランを実行し、修正する」とB1「経験から学ぶ」に対応する。研修パッケージで学んだことを、学校実践で展開しマクロにコンピテンシーを磨くというのが継続型の特徴である。2015（平成27）年度の「部長研修」では、新たな試みとして第1回目にリーダーシップ・マインドを醸成する目的で、ワールド・カフェの発展版「暗闇のちこ」スタイルでの研修を実施し、第2、3回目には基本スキル重視のパッケージを提供した。

目標マップでは、第1回目に参加者それぞれが現在取り組んでいる地域支援プランを持ち寄り、その目標設定について討議する場をグループあるいはペアで設定する。第2回目以降は、プランの経過報告をグループでおこない成果と課題を確認する場とする。最終回は、支援プランで何ができたか、課題として残ったことは何かについてまとめてもらい、その発表会となる。目標マップの詳細については、第4章第1節「研修方法のパッケージ」の「4．目標マップ」をご覧いただきたい。

経験学習では、地域支援プランの実施あるいは学校実践において「挑戦したこと」「振り返り」「エンジョイメント・意味づけ」を経験学習ワークシートに記入してもらう。研修会では、経験学習担当者が参加者全体

の学びの傾向を紹介するとともに、特徴的な学びをしていた参加者をピックアップして、その参加者からコメントしてもらう。このような場を通して、参加者の経験からの学びの共有化を図っていく。経験学習の詳細については、第4章第1節の「1．経験学習」をご覧いただきたい。

　大学院型においては、2年間という長期にわたるカリキュラム編成が可能となる。このため、1つの研修パッケージに相当する内容について2単位分の授業をおこなうと、7.5倍の時間（22.5時間）をあてることができる。これは、理論知ならびに実践知の提供に多くの時間を使用できることに加えて、ワークショップ形式の演習に割り当てる時間が充実することを意味する。とくに、ワークショップの時間が十分に確保されることによって、テーマを設定してのプロジェクト型学習も実施可能である。この実際例は、第4章第1節の「3．演劇づくりワークショップ」で紹介されている。

　経験学習の観点で見てみると、M1前期は経験による学習のための「事前学習」として主に理論知と実践知を学ぶ、つまり「知を知る」フェーズである。M1後期には、地域支援に必要な基本的なスキル、例えばコンサルテーションやファシリテーションについて実地に学ぶ「基礎実習」を設定する。また、地域支援の実際を経験的に学ぶための「事例実習」を設ける。この2タイプの実習のなかで、行為における振り返りが促されることにより、「実践知の検証」を自らの経験を通しておこなう。この段階では、知識（理論＋実践）、スキルと自己の経験を通したコンピテンシーの育成を目指す。また、この期間の授業科目にはワークショップ形式を積極的に導入し、現職教師の経験知が共有される場づくりを図る。

　M2前期では、各自で関心のあるテーマを設定した「課題実習」をおこない、地域の学校を中心としたフィールドワークに取り組んで、実践仮説の検証をおこない、成果と課題をまとめる。これによって、自ら「実践知の創造」の担い手となっていく。M2後期には、課題実習で得

られたデータの整理に取り組むとともに、先行研究との比較・考察を進化させることにより、行為についての振り返りに至るようカリキュラムをデザインする。この段階では、自ら創造した「実践知の普遍化」が期待される。この「実践知の創造」「実践知の普遍化」は、研修パッケージの開発やその改良に活かされ、知の循環を担うことになる。

(宇野 宏幸)

❖引用・参考文献（第3章）
アレグザンダー，C. (1984). パターン・ランゲージ－環境設計の手引き（平田翰那訳). 鹿島出版会.
ブラウン，A.・アイザックス，D.・ワールド・カフェ・コミュニティ (2007). ワールド・カフェ～カフェ的会話が未来を創る～（香取一昭・川口大輔訳). ヒューマンバリュー.
中央教育審議会 (2005). 特別支援教育を推進するための制度の在り方について（答申). http://www.mext.go.jp/b_menu/shingi/chukyo/chukyo0/toushin/05120801/all.pdf
ドラッカー，P.F. (2001). マネジメント【エッセンシャル版】 基本と原則（上田惇生監訳). ダイヤモンド社.
ハイフェッツ，R.A.・リンスキー，M. (2007). 最前線のリーダーシップ（竹中平蔵監訳). ファーストプレス.
平田オリザ (2012). わかりあえないことから－コミュニケーション能力とは何か. 講談社現代新書.
井庭崇 (2009). ラーニング・パターン. http://learningpatterns.sfc.keio.ac.jp/LearningPatterns2009SnowA5.pdf
伊藤崇達 (2010). やる気を育む心理学. 北樹出版.
筧祐介 (2014). ソーシャルデザイン実践ガイド. 英治出版.
川喜田二郎 (1967). 発想法－創造性開発のために. 中公新書.
ケラー，J.M. (2010). 学習意欲をデザインする ARCSモデルによるインストラクショナルデザイン（鈴木克明監訳). 北大路書房.
北川達夫・平田オリザ (2008). ニッポンには対話がない －学びとコミュニケーションの再生. 三省堂.
小杉俊哉 (2013). リーダーシップ3.0 －カリスマから支援者へ. 祥伝社新書.
レニール，P.・重光直之 (2011). ミンツバーグ教授のマネージャーの学校. ダイヤモンド社.
松尾睦 (2011). 「経験学習」入門. ダイヤモンド社.
三原秦熙 (1990). 成人教育論と人材育成 －M.S. ノールズのアンドラゴジー・

モデルとその批判を中心に−．経営と経済, 70, pp.123-138.
村上龍（2013）．カンブリア宮殿 村上龍の質問術．日経文芸文庫．
長沢伸也・染谷高士（2007）．老舗ブランド「虎屋」の伝統と革新−経験価値創造と技術経営．晃洋書房．
中原淳（2011）．知がめぐり、人がつながる場のデザイン 働く大人が学び続ける"ラーニングバー"というしくみ．英治出版．
中西紹一（2006）．ワークショップ 偶然をデザインする技術．宣伝会議．
OECD (2005). The definition and selection of key competencies. Executive summary. http://www.deseco.admin.ch/bfs/deseco/en/index/02.parsys.43469.downloadList.2296.DownloadFile.tmp/2005.dskcexecutivesummary.en.pdf.
佐藤可士和（2011）．佐藤可士和の超整理術．日経ビジネス人文庫．
佐藤学（2015）．専門家としての教師を育てる 教師教育改革のグランドデザイン．岩波書店．
スペンサー, L.M.・スペンサー, S.M.（2011）．コンピテンシー・マネジメントの展開（梅津祐良・成田攻・横山哲夫訳）．生産性出版．
竹内康哲（2014）．中学校での通級的指導を活かした「教科協働型授業研究会」の実践．（柘植雅義編著「ユニバーサルデザインの視点を活かした指導と学級づくり」金子書房, pp.66-72）．
柘植雅義・田中裕一・石橋由紀子・宮崎英憲（2012）．特別支援学校のセンター的機能 全国の特色ある30校の実践事例集．ジアース教育新社．
ウェンガー, E.・マクダーモット, R.・スナイダー, W.M.（2002）．コミュニティ・オブ・プラクティス ナレッジ社会の新たな知識形態の実践（野村恭彦監修, 野中郁次郎解説, 櫻井祐子訳）．翔泳社．
ウォルター, A.（2011）．スティーブ・ジョブズ（井口耕二訳）．講談社．
ヤング, J.W.（1988）．アイデアのつくり方（今井茂雄訳）．阪急コミュニケーションズ．

第 4 章

「アドバンスリーダー」
育成プログラムの開発と評価

はじめに

　本章では、アドバンスリーダーの育成プログラムモデルをふまえて、より効果的な研修のデザインについて考える。具体的には、兵庫教育大学特別支援教育モデル研究開発室（以下、モデル研究開発室）が取り組んできた現職教員向けの新しい研修手法の特徴、その枠組み、実施の考え方およびリーダーシップの形成評価の在り方について述べる。

　研修パッケージは、コンピテンシーを構成する要素である「知識」「スキル」「認知・思考様式」およびプラスαの部分から構成される。パッケージは、基本的に「とりあえずのモノを作って、さらして（表現して）、考える」というワークショップ方式を基本形としている。ワークショップの真髄は、とりあえず作ること（「プロトタイピング」）である。「見える化」による共有プロセスを入れ込むことで、集合知が生まれやすく、他者からのフィードバックを受けて個々の学びも促される。加えて、学びの場がプレイフルとなるように、おもてなしの心でパッケージのテーマに合わせた研修会場の環境設定をおこなうことも大切と考えた（上田・中原, 2012）。ワールド・カフェであれば、参加者がゆったりとくつろげる雰囲気を演出するためBGMを流す、ラップアップセッションで研修の様子を撮影したスライドショーをするなどの工夫をおこなう。

　育成プログラムの評価は今後の課題であるが、古典的なカークパトリックの4段階モデル（反応、学習、行動、結果）をふまえて（Kirkpatrick, 1994）、研修の満足度のみならず知識やスキルがコンピテンシーへ転換され、学校現場で行動の変容につながったのかを検証していく必要がある。また、行動変容へ至った研修の寄与を正当にアセスメントするための「形成評価」やコンピテンシーの向上を直接的に測る「パフォーマンス評価（あるいは、真正評価）」についても今後実施を検討していきたい。そして、学びの質的段階を反映するルーブリックを用いた方法など

も含めて、総合的な研修効果について検討していきたいと考えている。現在は、チームビルディングにおいて発揮されるコンピテンシーをマインド形成とスキルの点から評価するリーダーシップ尺度の開発研究に取り組んでいる。

　本章の第1節では、モデル研究開発室で取り組んできた新しいワークショップ型研修「経験学習」「対話型ワークショップ」「演劇づくりワークショップ」「目標マップ」の特徴とその実際を紹介する。第2節で、形成的な観点でのリーダーシップ力量評価の概略と評価デザインについて示す。

（宇野　宏幸）

❖引用・参考文献
Kirkpatrick, D.L. (1994). Evaluating training programs: The four levels. Berrett-Koehler Publishers.
上田信行・中原淳（2012）．プレイフル・ラーニング．三省堂．

第1節　研修方法のパッケージ

1．経験学習

(1)　経験学習の必要性

　Kolb（1984）は、経験学習を「具体的経験が変容された結果、知識が創出されるプロセス」と定義している。学習とは経験が変成されることを通じて知が生成されるプロセスであり、具体的経験を内省的に観察し、観察した事象を説明する抽象的な概念・理論を生み出し、生み出した概念・理論を新たな問題解決で検証し、検証された結果を新たな経験の場で生かす、というプロセスが螺旋的に展開していくことにより学習が発展していくと指摘している。

　Schön（1983）によると、教師は「反省的実践家（reflective practitioner）」と捉えることができ、専門家としての成長・発達は「行為の中の省察（reflection in action）」とそれ自体の実践後の振り返り（反省）によって促されていくとされる。佐藤・岩川・秋田（1991）は、初任教師と熟練教師に他教師がおこなった授業のビデオ記録をモニタリングさせ、両者のビデオを視聴しながらの発話の分析から授業実践に対する思考様式を比較した。その結果、熟練教師はより多くの手がかりを授業の中から見つけ、"行為の中の省察"に基づいて教授行為とその場にいる学習者との関連を考慮に入れながら評価し、その場の状況に応じた対応を授業の場で展開していたという。Zembylas（2004）は小学校教師を対象に授業観察、面接等から、授業中の教師の感情体験と教科や授業方略に対する信念、価値観との関連を分析した。その結果、特に教師は授業中の子どもとの発話のやりとりから興奮を経験した出来事を肯定的に評価し、その肯定的な評価から、子どもの創造的な発言を引き出した授業方略を価値づけていたと報告している。浅田（2007）は、教師と

しての発達支援過程として、教師は、①自分自身の実践を対象化し、自らの実践をより良くしていくための課題を見出し、②その課題解決のための様々な工夫（アクション・プラン）を創出し実践する、③その実践過程で様々な工夫の有効性を評価することで、自らの実践に関する新たな知識を創造することにつながるとしている。

　以上のことから、教師としての専門性を高めるためには、教師が自身の実践を対象化して捉え、実践の中でその場で起こっている事象を振り返り多面的に分析し、さらに実践の後に課題の評価をおこなう振り返りが必要であると考えられる。これらのことは、授業実践にとどまらず、コーディネーターの日々の実践においても同様に求められていると考える。具体的経験を内省的に観察することを通して学びを促すことは、自分なりの自分らしいコーディネーター像を発見することにつながり、コーディネーターとしてのミッション・ビジョンをより明確にしていく作業ともなり得る。

⑵　**研修のねらい**

　経験から学ぶ力を高めることを目的とする。つまり、教師が自らの実践を振り返り、それらの取組みの目標、内容や方法の効果や課題を明らかにし、取組みの意義やそこから得られる教訓を明確にすることをねらいとする。

⑶　**教材**

　経験学習ワークシート（**図4－1**）を使用する。経験学習は、「ストレッチ」「リフレクション」「エンジョイメント」の3つのプロセスから構成される（松尾, 2011）。

　「ストレッチ」とは、挑戦的で新奇性のある課題に取り組む姿勢を指し、新しい知識やスキルを必要とする。すべきこと、取組みが不十分であることから、自らの課題を設定することもあるが、周囲から要請され

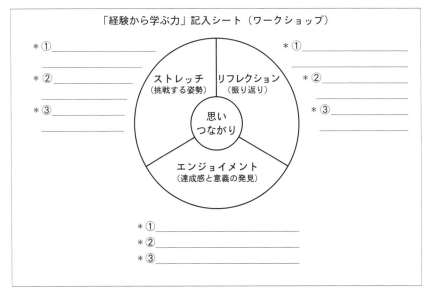

図4-1　経験学習ワークシート

て取り組むこともある。取り組みやすそうなことから、学校および自らの強みを活かしながら実践することが重要となる。

「リフレクション」とは、行為をしている最中や後に実践を内省し、知識・スキルを身に付け修正することを指し、十分な教訓を得ることを目的とする。何のために取り組んでいるのか、おこなったアプローチはどんな方法か、それらの方法は適切か、何が効果的だったのかを内省する中で、より良い方法を見出すこともある。

「エンジョイメント」とは、自分の仕事にやりがいや意義を見つける姿勢を指し、やりがいや面白さを見出すことで、より挑戦的な仕事に取り組もうという気持ち（ストレッチ）を高める。些細な成果であっても、そこに喜びや達成感を感じることや取組みの意義、つまり学びを確認することが重要となる。もちろん成果を得ることばかりではないが、全ての実践から学ぶ姿勢が次へのさらなる取組みへとつながる。このように

互いの要素はつながり合い、循環する。

それらのプロセスを促していくためには、「思い」「つながり」である原動力が必要になる。仕事をする上で大切にしている、認められたい、力をつけたいという自分への「思い」や子どもや保護者の役に立ちたいという他者への「思い」が高い目標にチャレンジさせる。同僚や巡回相談先の教師らと対話し、お互いに助け合いながら実践をおこなうという「つながり」があることで、より高い目標にチャレンジすることが可能になり、実践からより大きな学びを得ることができる。

(4) 実施方法

1回目には、経験学習についてのレクチャーを実施する。その後、経験学習ワークシートを配布し、日々の実践の中で各自に記述してもらうよう教示する。3枚ほど配布し、適宜コピーして活用してもらう。経験学習ワークシートをもとに、同僚と検討するなど、コミュニケーションツールとしての活用も可能であることを併せて伝える。

次回の研修時には、経験学習の実際として、参加者の事例を紹介する。紹介する事例として、例えば「担任へのコンサルテーション」「リーダーシップ」といったテーマを設定し、テーマに沿った取組みを紹介すると理解が深まりやすい。内容の具体が不明確であったり、リフレクションやエンジョイメントの内容が不十分であったりする場合、「その時にどう行動したのか」「何を目的におこなったのか」「今後はどうしていくのか」といった質問をしていく。質疑応答を通して、記述者と対話しながらその実践の内容や意義を確認する。記述者にとっては、それらのやりとりを通して、より経験からの学びを明確にすることが可能となる。

(5) 経験学習の実際

図4−2に、経験学習の実際例を示した。保護者や教員、関係機関との連携を図りながら、生徒の家庭生活への支援をおこなっていった事例

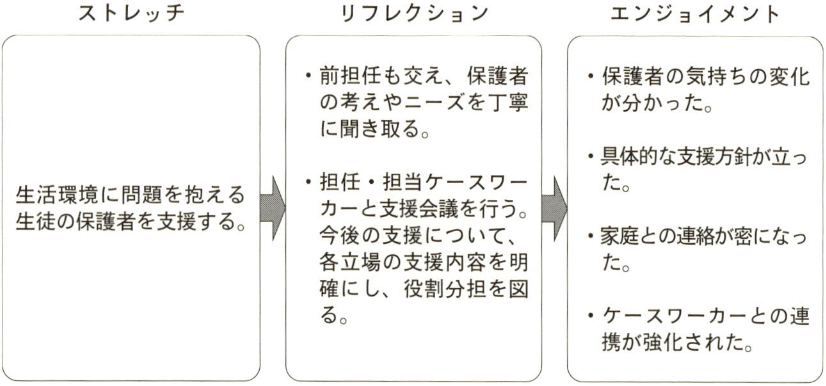

図4－2　保護者支援に関する経験事例

ストレッチ
- 生活環境に問題を抱える生徒の保護者を支援する。

リフレクション
- 前担任も交え、保護者の考えやニーズを丁寧に聞き取る。
- 担任・担当ケースワーカーと支援会議を行う。今後の支援について、各立場の支援内容を明確にし、役割分担を図る。

エンジョイメント
- 保護者の気持ちの変化が分かった。
- 具体的な支援方針が立った。
- 家庭との連絡が密になった。
- ケースワーカーとの連携が強化された。

である。生徒の支援だけでなく、保護者を含めた支援をおこなうにあたって（ストレッチ）、保護者のニーズを丁寧に聞き取りながら、前担任やケースワーカーと協働して取り組んだ。その際、保護者・関係者との連携の具体的な方略についての効果や課題を検討することがリフレクションの大切な内容となる。その結果、保護者の思いやニーズを把握することができ、関係者間の連携がより促進され、支援方針や内容を具現化することができた。さらに、前担任やケースワーカー等の福祉関係者との連携を図ることの意義を確認できた（エンジョイメント）。

(6) 研修プログラムにおける経験学習の位置づけ

　参加者は、研修後には日々の実践に戻っていく。実践が積み上がった段階で、次の研修日がやってくる。研修をより充実した学びにするためには、日々の実践をより内省的に取り組むことが重要となる。日々の実践を支える手立てとして、実践である経験から学ぶために、ワークシートの記述を促す。経験学習ワークシートは1回1回の研修プログラムを「つなぐ」役割を果たしていると言えるだろう。

（岡村　章司）

❖引用・参考文献

浅田匡(2007). 幼稚園教育実習におけるメンタリングの機能に関する研究. 教育心理学年報, 46, pp.156-165.

Kolb, D.A. (1984). Experiential learning: Experience as the source of learning and development. Premtice-Hall.

松尾睦(2011). 職場が生きる 人が育つ「経験学習」入門. ダイヤモンド社.

佐藤学・岩川直樹・秋田喜代美(1991). 教師の実践的思考様式に関する研究(1) －熟練教師と初任教師のモニタリングの比較検討を中心に－. 東京大学教育学部紀要, 30, pp.177-198.

Schön (1983). The reflective practitioner: How professionals think in action. Basic Books Inc.

Zembylas, M. (2004). The emotional characteristics of teaching: An ethnographic study of one teacher. *Teaching and Teacher Education*, 20, pp.185-201.

2.対話型ワークショップ－「喫茶ちこ」「暗闇のちこ」の開発－

(1) 教員研修において対話型ワークショップを取り入れる必要性

　教師という立場は同じであっても、ものの見方や考え方は一人一人異なる。それらの異なりが、問題や課題が複雑化している最近の教育現場では、重要な意味を持ち始めている。それは、そのような状況下では、経験則や一般的な解は通用しないことが多いため、その状況に応じたより良い解を見つけ出さねばならないからである。

　つまり、異なる視点からのアイデアを教員どうしで出し合い、比較、吟味する対話のプロセスが必要なのである。

　しかし、そのような対話のプロセスは、単に話し合いの場を設けるだけでは、生起しづらい。対話を促進する強力な仕掛けと、安心して対話できる環境づくりが重要なのである。このような問題意識のもと、ワールド・カフェの手法を取り入れながら、さらに発展させた研修パッケージ「喫茶ちこ」および「暗闇のちこ」を開発した。

　「喫茶ちこ」は、喫茶店のような穏やかな雰囲気の中での、対話を中心とした研修会である。「喫茶ちこ」では、研修会ごとにねらいに応じ

たテーマが設定される。対話の糸口のヒントを得るために、テーマに関する実践事例を2～3名から話してもらい、ワールド・カフェに移る。ワールド・カフェは、「メンバーの組み合わせを変えながら、4～5人単位の小グループで話し合いを続けることにより、あたかも参加者全員が話し合っているかのような効果が得られる会話の手法」（大川，2009）である。ワールド・カフェでは、参加者たちに、自由で穏やかな雰囲気の中で、自分／自分たちの考えを話し合い、考えを広げ、深めてもらう。そして、最後にグループでの対話をもとに、それぞれのグループで「共通解」を捻り出してもらう。

「暗闇のちこ」は、「喫茶ちこ」より少し難解なテーマを扱う。参加者には、はじめは暗闇をさまよっているように思われるかもしれない。しかし、一連の研修プロセスを経ることにより、まるで暗闇に光が射したかのように結論が集約されるとともに、その様子が研修室のレイアウトで表現される。

研修プロセスとしては、「暗闇のちこ」は、「喫茶ちこ」に引き続いて、会場全体の共通解を整理し、さらに全体での共通解をふまえて、自分の明日からの行動を考える。つまり、テーマに対する思考の単位が、自分からグループへ、さらに全体へ、最後に自分へと、まるでブーメランのように、自分から発し、遠くへ飛んで行ってから、自分に戻るという軌跡をとる。「暗闇のちこ」では、対話のプロセスが複雑になるため、話し合いを「見える化」することが、参加者が自分の行く道を確かめながら進んでいく上で大切だと考えている。

研修会で取り扱う内容は、主催者との協議の上で決定される。適したテーマとしては、明確な答えのない問題や一人ひとりの実践に落とし込んで考えることが重要な問題などである。参加者数は様々で、これまでには、**表4-1**のような研修会を実施してきた。これらのうち、すでにいくつかの研修会の効果の検証を報告している（石橋・尾之上，2015；石橋・尾之上・八乙女，2015）。

表4-1 「喫茶ちこ」「暗闇のちこ」の実施例

	喫茶ちこ	暗闇のちこ
ねらい	テーマに関する話題提供、ワールド・カフェをふまえてグループの共通解を見いだす	テーマに関する話題提供、ワールド・カフェ、グループの共通解、全体の共通解を見いだす
時間	120分	180分
実績	・兵庫教育大学特別支援教育専攻特別支援教育コーディネーターコース主催特別支援教育アドバンスト講座（2015.2）「対話によって特別支援教育に何がうまれるのか？」（参加者20名） ・平成26年度大学院講義「コーディネート研究」「ニーズのある子どもが学校教育で獲得すべき力とは何か？」（参加者20名） ・明石市特別支援教育リーダー研修会（2015.7.31）「自分の学校・園で積み上げていきたいことと合理的配慮」（参加者16名）	・平成27年度第1回部長研修（2015.5.22）「『地域の人づくり』につながる私の地域支援の進め方」（参加者34名） ・神戸での「暗闇のちこ」（2015.6.27）「インクルーシブ教育と私の距離の取り方について」（参加者20名） ・書写養護学校センター的機能研修会（2015.7.24）「子どもの育ちを支える支援と個別の指導計画について考える」（参加者54名）

　ここでは、対話型ワークショップ「喫茶ちこ」「暗闇のちこ」のねらいと特徴、および研修を進める上での手引きについて述べる。

(2) 対話型ワークショップ「喫茶ちこ」「暗闇のちこ」の特徴と設計コンセプト

① 対話型ワークショップ「喫茶ちこ」「暗闇のちこ」の特徴

　対話型ワークショップ「喫茶ちこ」「暗闇のちこ」では、取り扱う研修テーマや時間、場所は異なっても、ある一定のプロセスを経ることにより、効果的な研修を提供することを目指している。この対話型ワークショップ「喫茶ちこ」「暗闇のちこ」の特徴は3点にまとめられる（石橋・尾之上，2015）。

　第1は、教員研修モデルのパッケージとして提案することである。提示された共通の問やテーマについての、話題提供、対話の様式から構成されるが、これら一連の流れをパッケージ化し、学校現場等において実

施することが容易であるよう配慮した。

　第2は、対話の重視である。教員間の関係性の希薄化が叫ばれる一方で、学校の自律性が謳われ、生じる課題に対して教員どうしが対話によって解決法を見いだすことが求められている。日々変化する教育現場においては、その場にいる当事者がマネジメントすることが最も適切であるといわれる（榊原，2012）。これまでに、筆者らは参加者による対話を促すワールド・カフェの方法を取り入れた研修会を実施し、その効果として個人の新たな「気づき」の獲得があることを明らかにした（尾之上・石橋・岡村・小林・宇野，2014）。「喫茶ちこ」「暗闇のちこ」においては、メンバーどうしが対話する機会を積極的に取り入れることにした。

　第3は、正解のない問について考え、グループで共通解を出すことまでをプログラムに組み込んでいる点である。これまでの教育実践の蓄積のなかで、「教職員による共通理解の大切さ」は、いわば自明のこととして多くの実践家によって繰り返し唱えられてきた。しかしながら、多忙を極める職務等により、その重要性があらためて確認されており、具体的な方策が講じられねばならない時期に来ていると考える。「喫茶ちこ」「暗闇のちこ」では、提示された共通の問について、個人、およびグループで考え、グループのメンバーどうしで答えを得ることが重要であると考えた。

② 対話型ワークショップ「喫茶ちこ」「暗闇のちこ」の設計コンセプト

　「喫茶ちこ」「暗闇のちこ」では、1）適切な研修プロセスの設計、2）学びの見える化、3）対話環境の確保に留意して、研修方法や進行手順等を作成した（図4-3）。筆者らは参加者どうしによる穏やかな対話環境を確保しながら、適切な研修プロセスを設定することにより、グループで共通解、および全体の解を導きだすことが可能になり、その学びのプロセスを参加者自身が視覚的に捉えながら進行されることが重要であると考えた。以下、これら3点について述べる。

第4章　「アドバンスリーダー」育成プログラムの開発と評価　201

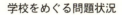

図4-3　「喫茶ちこ」「暗闇のちこ」の設計コンセプト

③　適切な研修プロセスの設計

研修プロセスとしては、**図4-4**の通りであり、「喫茶ちこ」は「00 はじまり」のフェーズから「03 飛んでけワールド」のフェーズ、および「06 私の元へ」であり、「暗闇のちこ」では「06 私の元へ」のフェーズまでの全てである。大まかに言えば、「01 人に尋ねる」は話題提供のフェーズ、「02 ワールド・カフェ」は意見交流のフェーズ、「03 飛んでけワールド」はグループの共通解を集約するフェーズ、「04 これが共通解だ」はグループの共通解を整理して全体での共通解を見出すフェーズ、「05 答えはブーメランのように」は全体の共通解をふまえて自分自身の実践へと返していくフェーズ、「06 私の元へ」は1日の研修会を振り返るフェーズである。

以下、それぞれのフェーズの詳細について述べていくこととする。

喫茶ちこ

暗闇のちこ

00 はじまり	01 人に尋ねる	02 ワールド・カフェ	03 飛んでけワールド	04 これが共通解だ	05 答えはブーメランのように	06 私の元へ
今日のテーマの確認、ワークショップの流れ、全体のルール説明などをおこなう。	テーマに関する話題提供を2～3名の方から。話題提供者も以降のセッションに参加。	話題提供をふまえて、席替えをしながらテーマについて対話する。	テーマについてのグループでの共通解をまとめる。短時間でおこなうことがポイント。	グループごとの共通解を、グループの代表者に語ってもらいながら、会場全体でシェア。	会場全体のシェアをふまえて、「私の現場での取組み」を考え、それをグループで表明する。	ワークショップで考え、まとめたことをもとに、最後は自分と対話する。

図4－4 「喫茶ちこ」「暗闇のちこ」のフェーズとのその概要

00 はじめに（10分）

このフェーズのねらいは、参加者がこの研修会がどのようなプロセスを経て、どのような目的地にたどり着こうとしているのか、見通しをもって臨むことができるようになることと、研修会への参加のルールについて知ってもらうことである。

具体的には、本日の研修のテーマとそのテーマについて話し合うことの重要性、研修会の流れ、研修会終了時点での参加者の到達目標（例；「個別の指導計画について、日々の教育活動と関連づけながら、ご自身の言葉で表現できるようになることを目指します」）、話し合いのマナー（自分の考えを積極的に話し、他者の話を否定せず聞くこと）を伝える。

01 人に尋ねる（30～45分）

テーマに関連する話題提供である。「喫茶ちこ」、「暗闇のちこ」のテーマとして設定されているものは、単純に正解の出ない問や、言葉では分かっていても、日々の実践に落とし込むことが難しい問であることが多い。この話題提供により、参加者はテーマについて考えるヒントや表現

する言葉、会話の糸口を得ることができる。2～3名の話題提供者から、それぞれ10～15分程度の話題提供をしていただく。

また、参加者がお互いに初めてのメンバーが多い時には、話題提供の前にテーブルで簡単な自己紹介をしてもらうこともある。

02 ワールド・カフェ（45～60分）

テーマに関する自他の意見の交流を促し、自分の考えを広げたり、新たな視点を獲得するためのセッションである。テーマに関して、グループごとに15分間で対話、その後各グループに一人を残して席替えして対話し、15分後に元の席で対話する、という3セッションから構成される。テーブルに残った人に、先のグループでの話し合いを紹介してもらうように教示しておけば、話の滑り出しはスムーズである。

ワールド・カフェのポイントの一つは、テーブルに広げられた模造紙に落書きをしながら対話することであり、この点について参加者にも伝えておく。

03 飛んでけワールド（25分）

ワールド・カフェをふまえ、グループで一つの「共通解」を考えてもらうフェーズである。前半の10分で「グループでの対話の共通解は何ですか？」と問いかけ、後半の15分が終わる時に、グループの解をギュッとまとめて表現するよう求める。共通解が、メンバーの言葉の寄せ集めではなく、対話の要素を一言でまとめられるように、石や野球のボール、色紙を用意して、「漢字2文字で！」「川柳で表現して！」といった具合に、研修会ごとにアイテムを変えながら、楽しく制約をかけていく。

アイテムは参加者人数、準備できる機材、「これが共通解だ」での取り扱いのしやすさ等によって異なる。いずれにしても、アイテムに参加者が「えっ！」と驚き、これまでの対話が集約して表現されるようなアイテムを考える。

04 これが共通解だ（30分）

グループの共通解を発表してもらい、共通解を意味づけたり整理し、

全体での共通解を見出す。参加者は、グループの共通解の特徴や傾向を知ることができる。

　司会者が「これが共通解だ」を決定づけてしまうことのないように、このフェーズのファシリテーターを、校内研修会では校長、教育センターと大学の共催の研修会では大学教員、任意の研修会では参加者に依頼してきた。ファシリテーターには、各グループの答えの関係性を整理してもらったり、共通解として出された川柳の互選の判定をしてもらったり、「整理する」ことをお願いしている。ここでの整理のしやすさも十分に考慮して、「飛んでけワールド」のアイテムを考える。

05　答えはブーメランのように（20分）

　全体の共通解をふまえて、参加者に自分自身の実践に反映させて考えてもらうことを目的とする。「明日からの自分の実践に」反映できることを記述してもらい、それをグループで報告し合ってもらう。

06　私の元へ（10分）

　1日の研修を振り返り、一人でアンケートに記入してもらう。

　④　学びのプロセスの視覚化

　　a．研修会場のレイアウト

　「04　これが共通解だ」でグループの共通解を発表したり、整理するのはiPadである。研修会場は、iPadを投影するモニターを中心に、4人1グループで着席するテーブルを馬蹄形状に配置する。「02　ワールド・カフェ」「03　飛んでけワールド」のテーブルでの話し合いが「04　これが共通解だ」で中心に集約されるイメージを表現するためである。

　　b．テーブルクロスと色ペン

　中央に25×25センチ程度の大きさでテーマを円状に配置し印刷した模造紙をテーブルに敷く。話し合いで気づいたことや要点を、参加者に自由に記入してもらい、話し合いを残し、後で見返すことができるようにする。テーマを円状に配置するのは、筆者がグループのメンバーがテーブルに向かって前傾姿勢を取りながら話し合う様子を理想として描いて

いたからである。また、テーマを模造紙で確認しながら話し合いを進めることもできる。

c．考えの見える化（立方体）

とくに、「暗闇のちこ」は、研修時間がおよそ3時間の長丁場の研修会である。研修会前、およびフェーズごとに、テーマに対する「答え」および「答えへの自信度（％）」を参加者に記入してもらい、それを6×6×6センチの木製の立方体に順を追って貼付けてもらう。対話の際に立方体を示しながら話してもらうとともに、「06 私の元へ」で、自分の考えの変化を自分自身で確認してもらうことができる。掌の上で、3時間の研修のプロセスを自分自身で確認できる。

d．カフェメニュー

研修会の進行を示すのは、テーブル上に置かれたカフェメニューである。フェーズのタイトルとともに、参加者の各フェーズでの活動を示すイラストを提示する（図4－5）。それぞれのフェーズにおいて、イラストをもとに今は何をする時間かを伝えた上で、話し合いに入っていく。

(5) 穏やかな対話環境の確保

参加者が、リラックスした雰囲気の中でテーマに基づいて対話することができるよう、BGMをかけたり、お菓子を用意している。

(6) 終わりに

ここでは、対話型ワークショップ「喫茶ちこ」「暗闇のちこ」のねらいと特徴、設計コンセプト、適切な研修プロセスの設計、学びの見える化、対話環境の確保の概要を述べた。「喫茶ちこ」「暗闇のちこ」はすでに幾つかの研修会で実施し、効果検証の途上である。これらの研修会が契機となり、教員研修がよりよいものになっていくことを願っている。

（石橋 由紀子・尾之上 高哉）

「地域の人づくり」につながる私の地域支援の進め方

06 私の元へ(20分)

01 人に尋ねる(40分)

05 答えはブーメランのように(35分)

02 ワールド・カフェ(50分)

04 これが共通解だ(30分)

03 飛んでけワールド(30分)

図4－5 「暗闇のちこ」におけるカフェメニューの例

❖引用・参考文献

石橋由紀子・尾之上高哉(2015).グループでの共通解を得る対話型ワークショップ「喫茶ちこ」の方法とその効果についての検討 －教員研修モデルの提案－.兵庫教育大学研究紀要, 27, pp.27-34.

石橋由紀子・尾之上高哉・八乙女利恵(2015).教員を対象とする対話型ワークショップ「暗闇のちこ」における参加者の意識変容及び研修効果の検証.日本特別ニーズ教育学会第21回研究大会発表要旨集, pp.118-119.

香取一昭・大川恒(2009).ワールドカフェをやろう！.日本経済新聞出版社.

尾之上高哉・石橋由紀子・岡村章司・小林祐子・宇野宏幸(2014).教員研修へのワールドカフェ導入の効果の検討.日本教育工学会論文誌, 38, pp.141-144.

榊原禎宏(2012).教師としての個業性と教員としての分業－協業性.山﨑準二・榊原禎宏・辻野けんま(編).考える教師－省察,創造,実践する教師－.学文社, pp.64-79.

3．演劇づくりワークショップ

(1) 演劇づくりワークショップの意義

　第2章第1節の1．において、コンサルティが主体的に問題解決に向かうことを目的としたコンサルテーションは、コンサルタントとコンサルティとの対話、つまりコミュニケーションであると指摘した。そうしたコンサルテーションを実施する資質や技術の獲得を促す研修プログラムの開発が求められている。

　コンサルティである小学校の通常の学級担任は、問題も解決方法も分かっていないことがある。発達障害児の保護者がコンサルティの場合には、むしろ問題を明確に話すことができるケースは少ないと言える。コンサルティが問題も解決方法も分かっていない場合には、コンサルタントはコンサルティに真の問題は何か、ニーズは何かを気づかせる必要がある。しかしながら、子どもの問題ばかりに着目して話していた教員が実は自分の授業や対応の在り方に問題があったことに気づくためには、指摘や提案ばかりでは自らを振り返ることは難しくなるだろう。コンサルティが自身の内部や外部で生じている出来事のプロセスに気づき、理解し、それに従った行動ができるようになるために、コンサルタントはコンサルテーションのプロセスに着目していかねばならない（Shein, 1999）。

　そうしたプロセスにおいて、コンサルタントはコンサルティの問題解決に向けた主体性を促すことを目的に、コンサルティの強みや専門性を引き出す対話をおこなっていく。その結果、新たな解決策を探っていくことが可能となり、さらにコンサルタントも学びが得られる。例えば、特別支援学校のコーディネーターがコンサルタントとして巡回相談をおこなう場合、コンサルティである通常の学級担任が持つ、教科教育の授業づくりや学級経営のノウハウを活かすことでより妥当な解決策が生まれ、さらにコンサルタントはそれらのノウハウを学ぶことができるだろ

う。
　コンサルティからいかに情報を引き出せるか、それらの情報をいかに整理できるかが問題解決につながるとすれば、コンサルタントとコンサルティの間で生じるコミュニケーションのプロセスを直接的に検討してもらうことが、機能的なコンサルテーションを学ぶことになると考えている。その具体的な方法として、演劇がある（平田・蓮行，2009）。
　コンサルティの教育観、授業観や授業スタイル、知識や技能、ニーズ、実行に関するストレスといった「コンサルティの文脈」を決めた上で、実際の台詞を検討する。参加者は実際に劇で役割を演じることで、その役割の文脈に思いを馳せ、その人の思いや考えをどう言葉に載せていくかを考える。当然、「文脈」の違いによって、台詞の具体が変わってくる。「文脈」に沿ったコミュニケーションの具体を検討することが、ロール・プレイとは大きく違う点となる。台詞と併せて、表情、些細な仕草といった動きで「コンサルティの文脈」を暗黙情報として表現する。実際にそれらの具体的な台詞や動きを通して相手への伝わり方を感じることができる。言われた人はその言葉、表情や動きから受けた印象（暗黙情報）を得ることができる。それらの振り返りを通して、台詞や動きを再検討する。また、台詞等を検討するためのグループワークにおいては、参加者それぞれのコミュニケーションの特性や違いを知ることができる。それらの違いを擦り合わせながら、合意形成を図っていき1つの劇にすること自体が、コミュニケーションを考える良い機会になるだろう。これらの過程を通して、参加者は新たな気づきや発見を得て、「明日からできること」を具体的に見出すことが可能となる。

(2) プログラムの構造

　最初にレクチャーをおこない、次に劇での台詞を検討するグループワークをおこなう。その後に各グループが劇を発表し、発表直後に質疑応答の時間を設けて内容の理解を深めていく（**図4-6**）。

3時間を実施時間とする。そのうち、グループワークの時間に1時間30分を確保する。**図4-7**に、実際の研修の流れを示した。

```
レクチャー → 台詞検討 → 劇練習 → 発表 → 質疑応答 → 総括
```

レクチャー：コンサルテーションの基本的な内容、演劇づくりの意義について講義を聞く
台詞検討：グループで各場面における登場人物の台詞や動き等を検討する
劇練習：実際に動きながら、劇の内容を検討する
発表：劇を他のグループに向けて披露する
質疑応答：他グループからの質問に答える中で、発表グループは劇の内容、意図や考えを伝える
総括：全体を通した、参加者の気づきや感想を全員でシェアする

図4-6　プログラムの基本構造

研修時間：13:30～16:30
参 加 者：18名（小学校教員7名、中学校教員3名、特別支援学校教員5名、
　　　　　小学校特別支援教育支援員3名）

13:30～13:35　アイスブレイク
13:35～13:55　コンサルテーションとは
　　　　　　　・コンサルテーションの概要
　　　　　　　・なぜ演劇か
13:55～15:25　劇づくり
　　　　　　　1　どんな学校？
　　　　　　　2　どんな子ども？担任？コーディネーター？
　　　　　　　3　セリフ検討、劇練習
15:25～16:20　発表会
　　　　　　　・1グループあたり　発表7分、質疑応答10分　　17分×3グループ＝51分
16:20～16:30　総括・アンケート記入

図4-7　研修の流れ

(3) 参加者

　校種や役職の違いなど、多様な立場の教師であることが望ましい。グループの人数は1グループに5～6名が望ましく、それ以上の人数になると演劇づくりのグループワークにおいて発言しない参加者を生み出しやすくなる。演劇づくりに主体的に参加してもらうため、参加人数は10名から、多くても18名程度が一般的であろう。3時間で実施する場合、

発表時間の確保から3グループが限界となる。

　演劇づくりにあたっては、各グループにファシリテーターを設定することができると良いだろう。スタッフの数が限られていて、スタッフをファシリテーターとして各グループに配置することが難しい場合には、各グループのメンバーからファシリテーター役を決めることもできる。

⑷　会場を含めた環境設定

　会場の空間レイアウトは、グループワークを支える上で重要であり、必要な設備と道具を用意することで活動に取り組みやすくなる。以下に、最低限必要な環境設定について述べる。

①　会場

　レクチャーを受ける場、台詞を検討する場、劇を練習する場、発表する場が必要である。それぞれが独立した場でなくても良いが、レクチャーを受ける際には参加者が前を向いている「講義形式」にし、プロットを検討する際には、ホワイトボードペーパー（欧文印刷社製）を広げて議論できるように、机を合せて島状にすると良いだろう。劇練習を実施する場合には、各グループで1教室など、ある程度動き回ることが可能な空間を用意することが必要である。

②　グループワークのための道具

　場面ごとの内容を整理するために、各グループにA1判のホワイトボードペーパーを配布する。一場面ごとの整理を目的とする場合、A4判を配布しても良い。カラーマーカーについては、黒、赤、青の3色を最低限用意したい。

③　演劇プロットシート

　場面の流れが4つに分割された、演劇の内容が記されたものである。4つの起承転結の部分には、導入、導入を受けた展開を示す内容、登場人物の気づきや発見が起こる内容、問題解決に向けた動きを示す内容が入る。一例を**資料4－1**に示した。主に検討する部分について、太字で

④ 起承のストーリー

転の部分に焦点化して検討してもらうことを促すために、起承転結の起承の部分におけるセリフの概要を示したものを配布する。**資料4－1**の事例における例を**資料4－2**に示した。

⑤ 発表ワークシート

他グループの発表に対する感想や意見、自分のグループにおける発表について振り返りを書く欄を設けたものである。

⑥ 個人アンケートシート

グループワークや発表を通しての学びや感想、ワークショップ全体の感想を記述するためのシートである（**資料4－3**）。

(5) プログラムの内容

① レクチャー

コンサルテーションの概要について講義をおこなう。講義内容については次のような内容が含まれる。1）コンサルタントと1人またはそれ以上のコンサルティ、クライアントの三者関係であり、それぞれの立場は対等であり非階層的なものであるといったコンサルテーションの構造に関する内容、2）コンサルティがさらなる洞察と問題解決技術を身につけるために、現在抱える問題の効率的な解決を援助するといったコンサルテーションの目的、3）コンサルタントはコンサルティへの管理上の責任やコンサルティ以上の職権をもたない、コンサルティはコンサルタントが提供する指導助言を受け入れる自由または拒否する自由を持ち続けるといった各立場における役割や性格。

コンサルテーションは、専門家と非専門家の関係性において成立する訳ではなく、問題解決に向けた協働作業として様々な関係性の中において生じていることを伝える。問題解決を促すために、コンサルティの気づきを促し主体性を高めることが重要であり、コンサルテーションのプ

資料4－1　演劇プロットシート

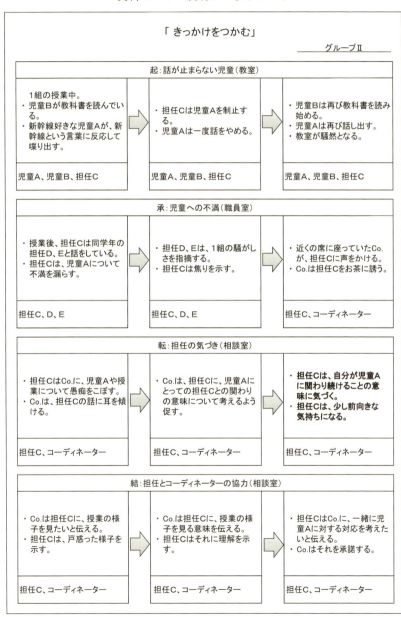

第4章 「アドバンスリーダー」育成プログラムの開発と評価　213

資料4－2　起承のストーリー

起：話が止まらない対象児
小学6年の算数の授業場面。「速さ」に関する単元を取り上げた算数の時間。

　　担任：「○さん、40ページ3番目の問題を読んでください」
　　児童：「はい。みきさんとりささんは先週、修学旅行で新幹線に‥」
　　対象児：「新大阪○時○分発の東京行の東海道新幹線は、○時○分に東京
　　　　　　に着きます。○時間○分で到着するほどの速さで、時速300kmの速さ
　　　　　　です。3月には北陸新幹線が開通し‥‥」
　　担任：「ちょっと待ってね。今は話す時間ではないね。」
　　対象児：「だから北陸新幹線は‥」
　　担任：「待ってね」
　　対象児：「‥‥（小声でブツブツ）」
　　担任：「○さん、もう1回始めから読んで」
　　児童：「みきさんとりささんは先週、修学旅行で新幹線に乗りました。東京
　　　　　　駅から新大阪駅までの道のりとかかった時間は、515kmで2時間20分
　　　　　　でした。新幹線の‥」
　　対象児：「だから、新幹線の0系は200km、100系は220km、500系は約300km。
　　　　　　ちなみに、700系はもっと早くて。新幹線はのぞみでないといけませ
　　　　　　ん‥‥」

　教師は再び注意をするものの、対象児は話すことをやめない。ほかの何名かの児童
は音読が聞こえないと言い始める。

承：対象児への不満

　　担任：「はー（深いため息）」
　　同僚：「どうしたん」
　　担任：「また△くん（対象児）や。ほんまによ〜しゃべるわ。話し出したらとまらへん。
　　　　　　何回も注意しているのに、新幹線って言葉を聞いたとたんにスイッチが入った
　　　　　　ように話し始めんねん。あの子のせいで無茶苦茶や〜。あ〜〜＼(◎o◎)／」
　　同僚：「そうなん。それじゃあ、授業が進まへんな〜。うちのクラスは40ページまで
　　　　　　進んでるで」

　担任はその報告にショックを受け、授業が進まないことを嘆いている。側に座っていた
コーディネーターはそんな話を聞いていて、お茶でも飲んでゆっくり話をしないかと誘い
掛ける。

転：担任の話を傾聴→担任の気づき
　コーディネーターと担任は相談室に移動しました。担任はコーディネーターとのやりとりを
通して、対象児へのかかわりに前向きな気持ちを持つようになります。さらに、コーディネー
ターは担任に、対象児に対応していくために協力していこうと約束を取り付けます。

さあ、やりとりをどう展開していきますか？？

資料4-3　個人アンケートシート

「コンサルテーションを学ぶ演劇作りワークショップ」アンケート
所属：
特別支援教育コーディネーター経験：あり（　　）年・なし
グループ名：
氏名：

①自分のグループでの協議や発表を振り返って、感想を書いてください。

②グループの先生方から学んだことは何ですか。

③他のグループの発表について、感想を書いてください。

④その他、演劇ワークショップに関する感想や意見を書いてください。

ロセスに着目する必要性を強調し、それらを学ぶための演劇づくりの意義について解説する。

　最後に、演劇づくりを進めるにあたっての具体的な手順や内容について話をする。プロットを提示し、コンサルティの気づきを促すといったコンサルテーションの目的を伝え、それをふまえて台詞を検討するよう教示する。転の部分における台詞や動きを決めるにあたっては、子どもの実態、教員間の連携状況、コーディネーターの機能性、利用できる資源やサポートといった「学校の文脈」、コンサルティの教育観、授業観や授業スタイル、知識や技能、ニーズ、実行に関するストレスといった「コンサルティの文脈」を最初に検討するように促す。

　レクチャーの前後には、グループごとに参加者どうしが自己紹介をおこない、必要に応じてアイスブレイクをおこなうことも良い。例えば「マイブーム」を加えて自己紹介をおこなうだけでも、参加者の緊張をほぐし、参加者どうしがコミュニケーションしやすくなる関係を促すことにつながる。

② 台詞検討

　起承のストーリー、プロットの流れから、学校、コンサルティの特徴や背景といった文脈について検討する。起承のストーリーの読み合わせから始めるよう促すことは有効である。その上で、各登場人物がどのように振舞っていくかを具体的に決定する。転の部分でコンサルティの気づきが生じるが、気づきを促すための、質問、強化、提案の仕方といった具体的なやりとりについて検討する。

　内容を整理するために、ホワイトボードペーパーを使用する、カラーマーカーについては、決定事項等を赤で囲むなど、機能に応じて色を使い分けるように教示する。ホワイトボードペーパーに各メンバーの意見を書き込みながら整理するといったように、ホワイトボードペーパーを机上に置き、話し合いの内容を自由に書き込んでもらい、グループメンバーがそれを参照しながら議論するように促す。

実際の演技については、表情や動きといったノンバーバルコミュニケーション、台詞の内容や伝え方といったバーバルコミュニケーションの具体はもちろんだが、場面における各登場人物のポジションや動き方について確認する。その際、ナレーションや解説等を多用せず、できる限り演技で伝えることを教示する。

③ 劇練習

ある程度台詞や動きが決まった時点で、積極的に劇練習をし、実際に動きながら細部を詰めていくことを促す。参加者は机上で台詞の細かい点を議論するより、台詞を登場人物の立場で言ってみることで、登場人物の背景や考えに思いを馳せることができるだろう。参加者はよりコミュニケーションの在り方について考えることが促され、動きながら議論をしていくことがより完成度の高い劇へとつながる。

④ 発表

原則、1グループ7～10分で発表する。転の部分に特化して演じてもらうと良い。発表前に、机やホワイトボードといった必要最低限の道具を用意する。会場の前方を舞台に見立てて、他グループは椅子に着席して劇を視聴し、発表ワークシートに気づきや感想を書く。内容については改善点だけでなく、肯定的な点を併せて書くように教示する。発表については往々にして時間超過しやすいので、発表グループに対しては、タイムキーパーを置いて時間経過を伝えた方が良いだろう。

⑤ 質疑応答

最低10分は確保したい。発表ワークシートをもとに、劇を鑑賞したグループに質問するよう促す。発表グループは質疑応答を通して演技だけでは伝えられなかった部分を伝えることが可能になるし、質問に応えていく中で改めて劇の意味に気づくこともある。鑑賞したグループは質疑応答を通して、劇の内容をより深く理解することになるだろう。

⑥ 総括

全ての発表が終了した後に、ワークショップに関する研修全体の振り

返りをおこないたい。台詞検討のためのグループワーク、劇練習、発表を通しての気づきや発見を参加者に述べてもらいながら進めていく。人数が少なければ、全参加者に一言で振り返りを述べてもらうのも良いだろう。各参加者が自分の職場である学校で「明日からできうること」を考えるきっかけになるような時間にしたい。最後に、個人アンケートシートを配布し、記入を促す。

(6) 演劇づくりワークショップの実際
① 実践報告

モデル研究開発室では、演劇づくりワークショップエッセンシャル版研修プログラム開発にあたって、4回の試行を通してプログラムの評価、改良を図ってきた。ここでは、その概要について報告する。

② 試行の概要

第1回試行は、兵庫県内で特別支援学校の教師を中心に活動している自主研修サークルの研修会として実施した。このサークルは、「子どもたちとポジティブに関わる」「授業力・実践力を高める」「特別支援教育に関する引き出しを増やす」ことを目指して自主研修会を実施している会であり、若い教員から経験豊富な教員まで、世代を越えて集まり学び合っている。本ワークショップには25名（特別支援学校教員20名、通常学校教員3名、その他2名）が参加し、8～9名の3グループに分かれてワークをおこなった。

第2回試行は、同じく兵庫県内で活動する特別支援教育について学び合う自主研究サークルの研修会として実施した。このサークルは、教員を中心に、言語聴覚士、臨床心理士、保育士、保護者など、様々な障害のある子どもの支援にかかわる幅広い人たちによって構成され、特別支援教育にかかわる地域の情報の発信や啓発を担っている。本ワークショップには18名（特別支援学校教員3名、通常学校教員11名、その他支援員、保育士等4名）が参加し、各6名の3グループでワークをおこなった。

第3回試行は、モデル研究開発室が主催する「発達障がい支援アドバンスド講座」において、本ワークショップを分科会においておこなった。本講座は、特別支援教育をリードする人材の育成を目指す講座であり、教育委員会・教育センターの指導主事、特別支援学校教員、小中高等学校教員等を対象としている。本ワークショップには10名（教員、教育センター・教育研究所研究員、スクールカウンセラー等）が参加し、各5名の2グループに分かれてワークをおこなった。

第4回試行は、兵庫県の姫路市教育委員会と連携し、市教育委員会主催の特別支援学校および小中学校の教員を対象とした研修会の1つとして実施された。本研修会には、姫路市および近隣の特別支援学校、小中学校の教員22名（特別支援学校教員16名、小中学校教員6名）が参加し、3～6名の5グループに分かれて演劇づくりをおこなった。

③ 研修プログラム

本ワークショップは、レクチャー（コンサルテーションの基本的な内容、演劇づくりの意義についての講義を聴講する）、プロット作成（起承転結の4つの場面からなるプロットを作成）、台詞検討（各場面における登場人物の台詞や動きを検討する）、劇練習（実際に動きながら台詞、動き等の細部を決める）、発表（他グループに演劇を披露する）、質疑応答（他グループの発表について質問し、その意図や考えを知る）、総括（研修全体で振り返りをおこない、気づきや感想をシェアする）の内容から構成される。これらの基本構成とプロセスに、試行を通じて修正を加えていった（図4-8）。

第1回試行では、7つの構成をすべて盛り込んで実践をおこなったが、時間的な制約が課題となった。そのため、第2回試行からは、完成プロットを提示し、全グループが同一のプロットで演劇づくりをおこなった。第3回試行では、起承の台詞を一部提示し、ケースについてイメージしやすくなるようにした。第4回では、コンサルテーションの目標に焦点化した話し合いがおこなえるようにするため、転結それぞれにおいてポ

	第1回試行	第2回試行	第3回試行	第4回試行
				ニックネーム アイスブレイク
(1)レクチャー				
(2)プロット作成		完成プロットを提示		
(3)台詞検討			台詞例提示	
				ポイントになる台詞の決定・発表
(4)劇鑑賞				
(5)発表				
(6)質疑応答				
(7)総括				

図4-8 演劇づくりワークショップの各試行における構成と改良点

イントになる台詞を決定、発表した上で演劇づくりをおこなうようにした。さらに参加者の緊張を緩和するため、アイスブレイク、ワーク中はニックネームで呼び合うといった手立てを取り入れた。

④ ワークショップ参加者の様子と感想・評価

ワークショップ終了後、参加者からのフィードバックとして、自由記述式の感想、第2回試行からは選択式アンケートを実施した。選択式アンケートでは、参加意欲（事前にどの程度の参加意欲があったか）、参加者どうしの交流（参加者どうしで交流ができたか）、新たな発見（新たな発見が得られたか）、全体評価（全体を通しての満足感等）について、5段階選択式で評価を求めた。感想については第1回試行で21名、第2回で15名、第3回で9名、第4回で21名から、選択式アンケートについては第2回試行で15名、第3回で6名、第4回で20名の参加者から回答を得た。ここでは、参加者のワークショップ中の様子、感想、ワー

クショップに対する評価を報告する。

　第1回試行のグループワークでは、どのグループも自然発生的にファシリテーターが生まれ話し合いが促進されていた。演劇を創るプロセスでは、経験のある教師の生々しい体験や、若い教員の困った経験など、いろいろな話題が飛び交ったようである。「様々な年齢の方が集まっていたので、それぞれの経験や立場の意見が聞けて良かったです」等、他の参加者と経験を共有できたことが良かったという感想が得られた。演劇発表では、保護者や同僚の教員とのやり取り場面、子どもへの指導場面などが取り上げられ、コンサルテーションを潤滑に進めるための段取りや話しぶりを学ぶことができたようである。「相談者の主訴の裏に隠された本音、困っていること、不満に思っていることなど、その背景まで想像したり、考えたりしないといけないという言葉に改めて同感した」など、コンサルテーション技術等にとどまらない、コミュニケーションの在り方や姿勢等について、気づきが得られたという感想が見られた。

　第2回試行では、演劇やワークショップという手法への関心から参加した人が71.4％、課題解決のヒントを得るために参加した人は42.9％だった。ワークショップでは、子どもの属性や問題の背景、担任の性格や教員どうしの関係性など、活発なグループ討議がおこなわれた。参加者の所属や担当する仕事内容が通常の学級担任、特別支援学級担任、管理職等、多様であったためか、「それぞれ所属している立場が違い、いろいろな意見が出たのが良かった」「子どもたちに対するかかわり方も、いろいろな方向から取り組まれていることを知ることができました」等、様々な視点から問題について議論できたことが評価された。他者との交流については、経験の異なる参加者と共感しあうことができた、参加者どうしの交流を楽しむことができたとする回答が100％と、いずれの参加者にとっても満足のいくものだったといえる。また、「互いの経験や思いを表出することができました。表出することでたいがいの問題は解決への一歩になっていると思います」など、他者と問題を共有すること

が問題解決につながるとする感想が寄せられた。演劇発表では、どのグループも同じプロットを元に演劇づくりに取り組んだにもかかわらず、設定や台詞に変化があり、グループのメンバーにより作り上げるものが違っていることについて、興味深いという声が多く聞かれた。ワークを通して、自分を振り返ることができた、「ああ、そうだったのか」という体験ができたとする参加者は85.7％で、参加者にとっても学びの多いものであった。

　第3回試行では、手法への関心は半数以下であったが、課題解決のヒントを得るために参加したという回答が83.3％だった。ワークショップでは、コーディネーターが介入するためにはどのような関係性が必要かといった議論が、それぞれの経験を交えながらなされた。「各自の所属が違っていたため、場面設定について多様な視点で考えることにつながったと思う」等、多様な視点から問題解決に取り組むことを評価する感想も得られ、異質な他者との協働を重視する演劇づくりワークショップの効果であると考えられた。また他の参加者との交流については、いずれの項目も100％と高い満足が示された。完成した演劇は、グループごとにきっかけのつかみ方や関係づくりにおいて、それぞれの特徴が表れたものとなり、「コーディネーターとしていかに相談相手にさりげなく関わるという工夫、気づかいを学んだ」との感想が得られた。質疑応答では、コーディネーターから担任への声かけをどのようにおこなうか、養護教諭ならではの関わりは、等の質疑が出され、実際の現場での介入の難しさにも話は及んだ。ワークショップを通して、今までとは違う考え方ができるようになった（100％）、新たな課題を発見するきっかけができた（100％）という点で高い評価が得られ、参加者それぞれが自らの問題や関わりのもち方を振り返る機会になった。

　第4回試行では、演劇という表現方法に興味があったとする参加者が85.0％であり、4回の試行の中でも特に演劇への関心の高い回であった。この回からは、参加者の緊張を緩和するため、ワーク中はニックネーム

で呼び合う、ワーク前の10分間で体を使ったアイスブレイクをするという手立てを取り入れた。そのため、多くの参加者も自然にグループワークに入り込むことができた様子であった。他の参加者との交流については、グループワークを楽しむことができた（80％）、他の参加者と積極的に関わることができた（80％）等、概ね満足が得られたようであった。演劇発表では、それぞれの参加者がもつ、授業や子どもとの向き合い方についてのこだわりが表現されており、「先生によって、授業の進行を一番に考えたり、対象児の思いを考えたり、色々違った視点で考えられて良かったです」といった感想がみられた。また、特別支援学校と小中学校では、気になるポイントが違っていたりするなど、学校種による違いに驚かされたという声も聞かれた。評価アンケートでは、自分を振り返ることができた、（85％）「ああ、そうだったのか」という体験ができた（85％）と、学びのあるワークになったようである。その一方で、「台詞やプロットに流されてしまう感がありました」という声も聞かれ、参加者が自由なイメージをもって演劇づくりに取り組むことのできる仕組みが課題として残った。

⑤　本ワークショップの効果と課題

　第4回の試行について、参加者の感想から本ワークショップの効果についての記述を抽出してカテゴリーに分類した（表4－2）。その結果、グループワークでは、異職種のメンバーとの話し合いで多様な視点に触れることができる点（多様な視点）、1つの問題についてグループで考えることで様々な経験を共有することができる点（経験の共有）が、高く評価された。また、演劇という手法が他者の立場を理解することに有効であるという評価も得られた（視点取得）。演劇発表では、日頃の自分のコミュニケーション等について振り返ることができる点（振り返り）を評価する声も聞かれた。さらに、声かけの仕方や段取りの仕方など、コンサルテーション技術を学ぶことができる点（コンサルテーション）、様々なコミュニケーションの有り様や問題の捉え方に気づき、学ぶこと

表4-2 参加者による感想のカテゴリーとその回答数

カテゴリー	内容	グループワーク	演劇発表
多様な視点	様々な立場や視点への気づきについての記述	23	2
経験の共有	他の参加者と経験を共有することについての記述	22	0
コンサルテーション	コンサルテーションの進め方等の知識獲得についての記述	17	10
視点取得	演劇を通して他者の立場にたつことについての記述	12	1
気づき	演劇ワークショップを通して得られた気づきについての記述	10	8
考えるきっかけ	課題内容について考えるきっかけを得られたとする記述	4	1
振り返り	これまでの自分の有り様を振り返る記述	1	4
難しさ	演劇ワークショップに参加する上で感じる難しさについての記述	11	0

ができる点（気づき）は、グループワークと演劇発表との両方の効果として挙げられた。このように、本ワークショップによって多様な効果が得られることが期待できる。

　その一方で、本ワークショップの課題として、人前で演劇をすることに抵抗感を示す参加者が少なからずいるという点が挙げられる。いずれの試行においても、「主体的にとか自由に演じることに少なからず抵抗があった」「初対面の人と話をするのは緊張するので、初めはあまりスムーズに話ができませんでした」等、演じることやグループワークに抵抗感があるという声が聞かれた（難しさ）。また、評価アンケートにおいてリラックスした気持ちで参加できたとする回答は、第2回では64.3％、第3回では66.7％にとどまった。そのため、第4回試行ではアイスブレイクを取り入れるなどの手立てを取り入れたが、リラックスして参加できたという参加者は70％と、十分に高まったとは言い難い。演劇ワー

クショップへの導入をスムーズにする工夫について、さらに検討が必要である。

（岡村　章司・谷　芳恵）

❖引用・参考文献

平田オリザ・蓮行（2009）．コミュニケーション力を引き出す：演劇ワークショップのすすめ．PHP新書．

Schein, E. H. (1999). Process consultation revisited: Building the helping relationship. Addison-Wesley.（E. H. シャイン（著）．稲葉元吉・尾川丈一（訳）（2002）．プロセス・コンサルテーション：援助関係を築くこと．白桃書房．）

4．目標マップ

(1) 目標マップとは

　特別支援学校には、学校教育法や学習指導要領上において地域の特別支援教育のセンターとしての役割が位置づいており、特別支援教育制度が始まる数年前とは異なる「地域支援」の取組みが進んでいる。

　部長研修の参加者の中には、今年度初めて地域支援に関わる校務分掌に就いた教師もいれば、数年間に渡り地域における特別支援教育の中核的な存在として活躍している教師もいて、その状況は様々であった。

　多忙な教育現場においては、自らの業務が、学校としての存在意義に対してどのように位置づき、どのような意味をもっているのかを見失いがちである。また、公的機関である学校は予算型組織であり、顧客の満足が成果と業績を保障する企業とは異なる構造的な特徴がある（Drucker, 1974）。Druckerは、公的機関が成功するためには、「事業は何か、何であるべきか」を定義すること、その目的に関わる定義に従って明確な目標を導き出すこと、活動の優先順位を決めること、成果の尺度を決めること、成果のフィードバックをおこなうこと、目標に照らして成果を監査することの6つの規律が必要であるとしている。現在、特別支援学校

の地域支援に関する業務は、長年に渡る地域での活動に加えて特別支援教育のセンター的機能として新たに始まった業務が複雑に絡み合い、何を目標としているのかがわかりにくくなっている。

そこで、今年度の目標を明確にし、目標達成に向けた戦略を立て、自らの歩みを振り返る研修の機会を通して、効率的に仕事を進めていくためのツールを開発し、参加者が充実感をもって業務に取り組むことができるようにしたいと考えた。

どのような業務であっても、唯一無二の正しい進め方を誰かが示してくれるというようなことはなく、当事者が様々な筋道に沿って考え、仮説を立てながら実践し、その経過で起こる問題を解決していくしかない。筋道に従って考える、つまり論理的に物事を分析するためには、ツリー状の図を描きながら論理を展開していく、いわゆるロジックツリーが活用できることが知られている（野口, 2011）。

ロジックツリーとしては、Tony Buzanが考案したマインドマップが、子どもから大人まで効果があるとして有名である（Buzan, 2003）（図4－9）。また、川喜多二郎氏が考案したKJ法もロジックツリーを利用した発想法の一種と考えることができるだろう。マインドマップが大テーマから派生する発想を図式化したトップダウン型のロジックツリーであるとするならば、KJ法は思いついたあらゆるものをまとめ上げていくボトムアップ型のロジックツリーだとも言える。

このように視覚化されたロジックツリーが問題解決のための発想法として有効であるのはなぜだろうか。人間のワーキングメモリの容量はせいぜい3～4のチャンクしかないため、思いついたことをすべて頭の中で吟味することは不可能である。しかし、視覚化すれば一目でつかめて1つのチャンクとして扱えるので、ワーキングメモリに余裕ができ「考える」ことができるようになる。それが、KJ法が発想を生み出すゆえんだと篠原（2011）は述べている。

また、ロジックツリーを使うことで、論理が整理されると同時に、視

図4-9　マインドマップの例

覚化される。他者と情報共有することが容易になり、共通理解の下、問題解決に向けた討論をおこなうことができるという効果も考えられる。

　2013（平成25）年度は、部長研修においてロジックツリーの一種であるイシュー・ツリーの作成をおこなった。イシュー・ツリーとは、論点を構造化する方法の1つで、ツリー状に論点を図示するものである（内田, 2010）。

　論点とは「解くべき問題」のことだが、その論点設定が正しければ、問題解決に向けて一直線に進んでいくことができる。現場で発生するあらゆる問題が論点になり得るが、その中から根本的な論点を選ぶことが、その者の問題解決能力に直結すると内田はいう（内田, 2010）。

　イシュー、つまり論点という言葉が教師にとってはなじみのないものであり、何のために仕事をするのかという構造の中に論点という問いかけを位置づけることは難しかったようだ。そのためか、2013（平成25）年度に作成されたイシュー・ツリーの論点にはかなりのばらつきが見られた。

　イシュー・ツリーの改良型として、野口（2011）が紹介しているのが蝶ネクタイ型イシュー・ツリー（**図4-10**）である。これはその全体図

第4章 「アドバンスリーダー」育成プログラムの開発と評価 227

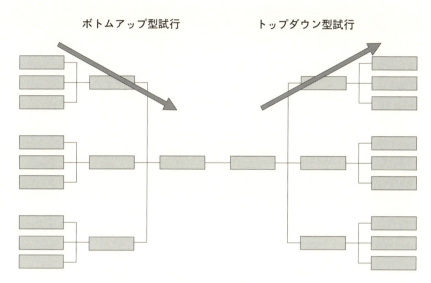

図4-10 蝶ネクタイ型イシュー・ツリー

が蝶ネクタイに似ているところから命名されたようだ。野口（2011）は、蝶ネクタイ型イシュー・ツリーとは、バラバラだった課題を1つにまとめることで目標を明確にし、今度はその目標を実現するための展開を図り、収束させて拡大させる作業だという。言い換えれば、個々の課題が何を目的としているのかを考察しながらボトムアップ型の思考によって目標に向かってまとめ上げていき、目標に到達したら、今度は目標からブレイクダウンして、その目標に到達するためには何が必要なのかという思考を反対方向に、つまりトップダウン型に進めていくものである。

蝶ネクタイ型イシュー・ツリーにはボトムアップ型思考とトップダウン型思考の両方を視覚化しながら使える利点がある。しかし、大目標を中心に左右あるいは上下の両方向への広がりが必要となり、A4判の紙面に作図する場合にはそこに書き込める内容に限界がある。また、一旦大目標に到達してからブレイクダウンしていく際、この思考法に慣れていない場合には、実情と異なる方向に思考が進んでいってしまう恐れが

あると考えた。

　前野（2014）は、私たちが問題解決に際して、あるコンセプトや解決策に飛びつく傾向があり、その前に「なぜそうするのか？」という問いを発し、より上位の目的を追求することで視野を広げることができると述べている。そして、上位の目的が見つかれば、逆方向にその目的を「どのように実現できるか？」と考えていくことで手段の自由度を高め、よりクリエイティブな代替案を検討できるとして、バリューグラフを紹介している。

　バリューグラフは、「なぜ？」という質問によってロジックツリーの階梯を上昇し、「どのように？」という質問によって下降する、つまり、1つの図を使ってボトムアップ型の思考とトップダウン型の思考を同時並行的におこなうことを可能にするツールである。

　例えば、「学級通信の発行」について考えてみよう（**図4−11**）。なぜそれをおこなうのかを考えていくと「全家庭に学級の様子を知らせるた

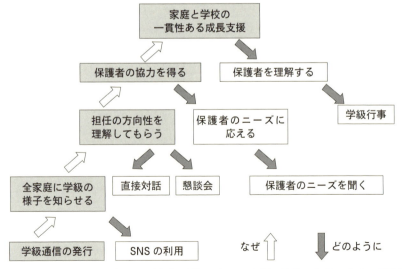

図4−11　バリューグラフの構造—「なぜ？」で上昇、「どのように？」で下降—

め」、それは「担任の方向性を理解してもらうため」と考えていって、最上位の目的は「家庭と学校の一貫性のある成長支援」を実現するためだということが明らかになる。そのためには、「保護者を理解する」ことが必要であり、それは魅力ある「学級行事」を開催することで実現することができるかもしれないということが見えてくる。また、「担任の方向性を理解してもらう」ためには、「直接対話」が効果的ではないか、「懇談会」をうまく利用できないか。あるいは、「保護者の協力を得る」ためには、「保護者のニーズに応える」ことでギブアンドテイクの関係を作っていけるとよいのではないかといった発想が出てくる。

以上から、2014（平成26）年度の部長研修においてはバリューグラフの形式に倣い、業務内容を整理し視覚化するためのツール開発をおこなうこととし、「目標マップ」と名づけた。

(2) 目標マップの作成と使用方法

チームとして連携を保ちつつ業務を進めていくためには、少なくとも、ミッションとビジョンについてはリーダーが明確に意識し、かつ明確な形で示していく必要がある。目標マップの作成に当たっては、以下の点を重視した。

- 具体的な活動を基に考えていくこと
- 回を重ねる度に活動を見返し、修正しながら進めていけるようにすること
- 常に「誰のため」「何のため」にしているのかという原点に立ち戻れるようにすること

まず、具体的な活動として認識される業務内容の把握からスタートし、業務内容を、「何のためにしていることなのか」「それは誰のために役立つのか」という観点で類似したものどうしを整理する。地域支援という大きなテーマに向けた活動であることを確認しながら、業務を整理する段階からスタートすることで、初任者であっても具体的な活動からボト

ムアップ的な思考ができるようにする。

　本質にかかわる問いとして、「何のために」、「誰のために」を設定した。そもそも何のためにするのかという問いの効果として、清宮（2014）は、意見の対立があったとしても、本来の目的が共通しているのであればまったく新しい解決策や妥協案を導くことができる。また、往々にして「目的を失っているがやるのが前提になっている仕事」が存在するが、そういった業務を整理することができると述べている。長年、地域支援部で活躍している教師にとっても、また今年度新たに地域支援部での業務を始めた教師にとっても、それぞれの業務について本来の目的を問いかけることは重要な意味があると考えた。

　何のために、という問いと共に本質的な問いとして設定したのが「誰のためにするのか」という問いである。教師も公務員である以上、全体の奉仕者であって一部の奉仕者ではないことはもちろんである。しかし、その業務が誰のためにおこなわれているのかを具体的にイメージすることは、特定の誰かではなく、どんな点で困っている誰かのためにするのかを明確にすることができる。誰のためにするかにより、業務内容の具体は異なってくると考えられる。

　部長研修4回でおこなった活動は以下の通りである。

【第1回】

図4-12に従い、第1回の活動を説明する。

① **地域支援の取組の洗い出し（個人ワーク）**
　・当該年度に、学校で計画している地域支援に関わる取組をすべて付箋に書き写す。1枚に1つの取組を記入する。この付箋と台紙を持ってグループワークに参加する。

② **取組みの整理（グループワーク）**
　・3人程度のグループに分かれ、まず、自分の学校が予定している今年度の業務内容（図4-12の場合、取組1〜9）について、それぞ

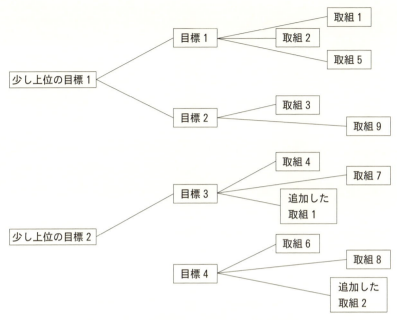

図4-12　目標マップの作成（第1回目）

れの内容を説明する。
- 質問を通して、同一の目標に向かっている取組を分類する。似ている取組は近い位置にまとめて、台紙の右側に貼り付ける（**図4-12**の場合、取組1・2・5、取組3・9、取組4・7、取組6・8が似ているとしてグループ分けされた）。
- グループ討議においては、「似ているのはどれ？」「誰のために？」「何のために？」「それをするとどんな良いことがある？」「どのようにして？」などの質問ができるよう例示しておいた。
- どのような目標に向かった取組か、その目標を文章化し、別の色の付箋に書いて台紙の真ん中あたりに貼り付ける（**図4-12**の場合、取組1・2・5は目標1に向かっており、取組3・9は目標2に、取組4・7は目標3に、取組6・8は目標4に向かっているとして

整理された)。
- 全体像を眺め、それぞれの取組がどのように位置づくか考える。

③ 目標の明確化
- 目標に向けて、まだできそうなこと、やってみたい取組があったら、付箋に赤字で書いて追加する（**図4-12**では、2つの取組が新たな取組として追加されている)。
- 目標と取組を線でつなげる。線はできる限り単純にする。
- さらに上位の目標、あるいは最終目標が位置づく場合は、新たに付箋に書いて台紙の左側に貼り付ける（**図4-12**では目標1と2の上位の目標として「少し上位の目標1」、目標3の上位の目標として「少し上位の目標2」が追加されている。目標4については上位の目標が文章化できなかった)。

取組をグループ分けし、目標を文章化していく過程はKJ法（川喜多, 2013）を参考としている。作成した目標マップは職場に掲示するなどして、できる限り支援部で共有するよう伝えた。第2回部長研修に向けて、地域支援の活動をしながら、目標マップを修正していくよう伝えた。

【第2回】
第2回の活動について、**図4-13**に従い説明する。

① 修正理由の説明と問題の解決（グループワーク）
- 修正した目標マップを持ち寄り、どこを修正したのか説明する。
- 修正した理由を、「どのような状況を解決するためにどのように修正した」のか説明し、もっとよい方法が考えられるかどうかグループ討議をする。
- 実際に起こった問題（予想したことと違う事態が生じた）の解決につながるアイデアや今後の方向性について検討する。
- グループの中で話し合った結果から、「どのような状況では、どのような問題が起きる傾向があり、どのように解決すればよい」とい

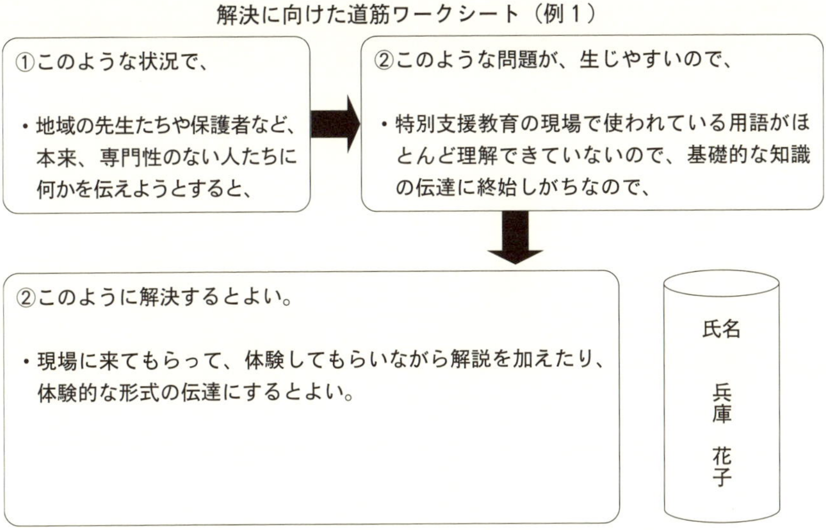

解決に向けた道筋ワークシート（例1）

①このような状況で、
・地域の先生たちや保護者など、本来、専門性のない人たちに何かを伝えようとすると、

②このような問題が、生じやすいので、
・特別支援教育の現場で使われている用語がほとんど理解できていないので、基礎的な知識の伝達に終始しがちなので、

②このように解決するとよい。
・現場に来てもらって、体験してもらいながら解説を加えたり、体験的な形式の伝達にするとよい。

氏名　兵庫　花子

図4-13　解決につながるアイデアをまとめるワークシート

う内容についてまとめ、「私たちの名言」とする。
　「私たちの名言」をまとめるためのワークシートは、パターン・ランゲージを作成する際の「状況」「問題」「解決」（伊庭，2013）を参考として作成した（図4-13）。

【第3回】
① 見返し・修正
・修正だけではなく、やったこと、工夫したこと、できなかったことを書き加えた目標マップを持参する。
・提示された使いやすい目標マップ例を参考に、どのような条件を満たしていればよいかについての講義を受ける。

講義において、使いやすい目標マップの条件として示したポイントは次のとおりである。
　○「誰のため」、「何のため」が明確に表現されている。

○実施できたこと、これから実施することが付け加えられている。
　　○実施しての様子、課題などが付け加えられている。
　　○「どのように進めるか」が付け加えられている。
- 目標マップに示されている取組の中から、来年度の優先順位トップ3の取組を各自で選び、その選定理由をグループ内で討議する。
- 今年度の取組を基に、来年度はどのように進めたいか、お互いに聞き合い、感じたことを話し合う。

【第4回】
① 来年度に向けた目標マップを作成
- 最終的に修正を加え、来年度取り組みたい優先順位トップ3を示した目標マップを持参し、1年間の研修のまとめと共に発表する（図4－14に目標マップの最終形の例を示す）。

(3) 成果と課題
成果と課題を表4－3にまとめた。
① 成果
具体的な業務について、誰のために、何のためにおこなうか明確になったため、目的意識をもって地域支援の仕事に取り組むことができるようになった。また、グループワークや支援部のミーティングの際、有効なツールとして機能したようである。
② 課題
部長研修において実際に使っている時には多くの参加者が有効性を感じたようであるが、実際に学校職員どうしで目標マップを共有することはあまりおこなわれなかった。また、「推進」「支援」「充実」など、目標を表現する際に抽象度が上がってしまう場合には、「誰のために」「何のために」が意識されなくなる傾向も見られた。
目標マップを掲示したり、検討の際に示したりした学校は数校にとど

第4章 「アドバンスリーダー」育成プログラムの開発と評価 235

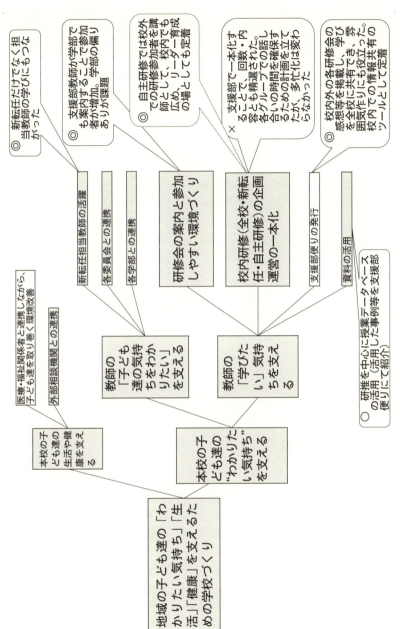

図4－14 目標マップの最終形の例

表4-3 目標マップの成果と課題

	具体的な内容
成果	・具体的な業務について、誰のために、何のために取組むかが明確になった。 ・視覚化されたことで、複数のメンバーが話し合う時に情報共有しやすかった。そのため、グループワークで話し合う場合には、類似した立場の他校の参加者から有効な対策のヒントを得ることができた。
成果につながる参加者の記述	・すべては子どもたちのためにということになるのだが、子どもたちに関わる教職員のために、保護者のために行動を起こすことが必要になってくる。 ・目標マップを職員室の前に掲示したという事例を参考に、職員室の机の前に掲示した。目につきやすいところにあるので、意識しながら活動に取り組むことができた。 ・コーディネーター3名で囲み、何ができていて何ができていないかを確認し合った。 ・日頃からの取組みも1人で抱え込まないで、時々見える化しながら意見をもらい、聞いて振り返るようにしている。 ・目標マップで感じた問題点や修正について、学校に戻ってから他のコーディネーターと話し合うことができた。
課題	・学校職員どうしで目標マップを共有することがあまりおこなわれなかった。 ・「推進」「支援」「充実」など、目標についての抽象度が上がり、「誰のために」「何のために」が意識されなくなる傾向も見られた。

まったのはなぜだろうか。グループ討議で話し合いが活性化したという実感が不足していたのかもしれない。また、目標マップそのものに対する理解が進まず、自主的に使おうとするところまで至らなかったのかもしれない。あるいは、支援部内で情報共有するよりも、各自が任された業務をおこなうという形態で仕事が進められているのかもしれない。それ以外に、教師が気楽に少人数で話し合いをする時に、図式化された資料のみを使って検討することがあまりないということ、要約されていない生々しい表現をされた資料を全員で共有することを好まない教師が多いこと、などもその理由として考えられそうである。堀・加藤（2006）は、話し合いにグラフィックを効果的に持ち込むことでプロセスの共有

と対等な参加がなされると述べている。視覚化するツールの有効性が参加者全員に十分に伝わらなかったことは残念である。もっと使いやすい目標マップの在り方を考えていく必要がある。この先、少人数で気楽な会議ができるような学校文化ができていくと、チーム支援もさら活性化するのではないかと思う。

最終的に作成された目標マップに示された大目標として「〇〇の充実」「〇〇の推進」といった表現が見られた。作成している当事者にとっては、これらの抽象的な表現の中身が具体化されているのであるが、提示された相手にとってはわかりにくい表現である。教師は「要約する」「端的にまとめる」という活動には慣れているが、「理解できる最低限の範囲で抽象度を留める」という活動はあまり経験がないのではないかと思われる。実際に「講師から、言葉を整理しなくてもよいと言われ、気が楽になった」という発言も聞かれた。関係者が意思統一をするためには、見栄えのよい表現よりも、「整わない表現」を認めることも必要ではないかと思われる。

(4) 今後の方向性

目標マップが業務に生かされるには、大目標としてのミッション、具体的な業務の完成としてのビジョンが明確になることが必要であるが、参加者は日々の業務に追われ、徐々に活動の目標や対象とする相手が抽象化してしまう傾向がある。地域支援部の部長研修という位置づけにより、「地域支援」という方向性で目標を捉えるようにしたが、地域支援における課題をもう少し絞り込むことができれば、更に有効活用されることが期待される。

また、「どのような状況では、どんな問題が起きがちで、そのようなときにはどう解決すればよいか」をまとめることができるように「名言」を作る活動を第2回で試みた。「視点を変えると問題解決し喜ぶ人が増える」「全員参加、否定せず、あらゆる可能性を考えてポジティブシン

キングで」「とりあえず動け」「対象の人のアセスメントをする（相談相手が「何に困っているのか」に注目するだけでなく、どんな人なのか、どのような状況にあるのかなど全体像を把握するという意味）」などの名言が生まれた。こういったパターンに応じた解決方法を整理するような活動を設定する場合には、課題を統一すること、どの程度の抽象度で語るかを明確にしておくこと、もっと多くの事例をもとにして類似したものをグループ化していくことが必要であろう。そのために多くの事例を収集することは、部長研修の限られた時間の中では難しいだろう。

（樋口　一宗）

❖引用・参考文献

Buzan, T.（2003）. *Mind Maps For Kids（An Introduction）*. Harper Collins Publishers.（トニーブザン．神田昌典（訳）（2006）. 勉強が楽しくなるノート術―マインドマップ®for kids. ダイヤモンド社）.

Drucker, P. F.（1974）. Management：Tasks, Responsibilities, Practices.（P.F. ドラッカー．上田惇生（編訳）（2001）.【エッセンシャル版】マネジメント―基本と原則．ダイヤモンド社）.

堀公俊・加藤彰（2006）. ファシリテーション・グラフィック　議論を「見える化」する方法. 日本経済新聞出版社.

伊庭崇編著（2013）. パターン・ランゲージ. 慶應義塾大学出版会.

川喜多二郎（2013）. 発想法―創造性開発のために（電子版）. 中央公論社.

前野隆司編著（2014）. システム×デザイン思考で世界を変える　慶應SDM「イノベーションのつくり方」. 日経BP社.

野口吉昭（2011）. コンサルタントの「質問力」「できる人」のマインド＆スキル（電子書籍版）. PHP研究所.

清宮普美代（2014）. 20代で身につけたい質問力（デジタル版）. 株式会社KADOKAWA.

篠原菊紀（2011）. なぜ. 脳はiPadにハマるのか？（電子版）. 学研パブリッシング.

内田和成（2010）. 論点思考. 東洋経済新報社.

第4章 「アドバンスリーダー」育成プログラムの開発と評価　239

第2節　育成プログラムの形成評価

1．評価の目的

　リーダー育成プログラムを開発するにあたって、そのプログラムがリーダー育成に有効かどうか、また適しているかを評価する必要がある。モデル研究開発室では、育成プログラム評価のため、主に学習効果の評価と受講者による研修評価の2点について、形成的評価をおこなってきた。

　学習効果の評価とは、このプログラムがリーダー育成に適したものであるかの評価である。モデル研究開発室では、リーダー育成の指標としてリーダーシップとその要素であるコンピテンシー（以下、リーダーシップ・コンピテンシー）を取り上げ、リーダーシップ・コンピテンシーの向上が学習効果の高さを示すものとした。これを評価するため、まず育成すべきリーダーはどのようなリーダーシップを示すのか、またそのコンピテンシーは何かということ、リーダーシップ・コンピテンシーを評価するのにふさわしい手法と評価計画はどのようなものかということ、を検討する必要があった。これらの評価は、育成プログラムの根幹に関わるものであり、検討と修正を繰り返しおこなってきた。

　また、受講者による研修評価は、育成プログラム実施上、特に配慮されるべき評価である。たとえそのプログラムがリーダー育成に有効であったとしても、受講者の負担が大きすぎたり、意欲的に参加できないような研修であったりした場合には、その効果は半減する。特に継続型研修の場合には、受講者のモチベーションをいかに維持するかは重要な課題である。そのプログラムが意欲的な参加が可能なものであるかどうか、受講者に直接研修に対する評価を求めることで、受講者がより参加しやすくなるようなプログラムの開発が必要である。このことをふまえ、受講者による研修評価アンケートを作成した。

以下では、これまでのリーダー育成プログラムの開発において、これら2点についてどのような観点から評価をおこなってきたかについて紹介する。

2. 学習効果の評価

(1) チーム支援において求められるリーダーシップ

　研修においてどのようなリーダーシップの育成を目指すのかを決定するため、まず着目したのが、ミッション遂行における実務的なスキルの発揮である。チーム支援において、チームのメンバーは1つのミッションを共有し、遂行していくことになる。そのためリーダーには、メンバーにチームのミッションを示し、実践を促し、進捗具合や問題を検証するためのスキルが求められる。このようなチームのミッション遂行を支えるマネジメント上の概念に、PDCAサイクルがある。これは、「目標管理の際に用いられる手法で、…（中略）…目標設定後に行動計画を実行に移し、その過程で成果を測定／評価して、最終的に修正を加えて活動を行うサイクル」（小西, 2014）であり、目標達成までのサイクルをPlan（計画）−Do（実行）−Check（評価）−Action（改善）の4要素で示している。特別支援教育のチーム支援においては、リーダーはこのPDCAサイクルを円滑に回し、チームのミッション遂行を促すことが求められると考えられる。これをふまえ、モデル研究開発室では、PDCAの4要素をチームのミッションを遂行する上で発揮されるリーダーシップのスキルの要素と捉えることとした。

　これに加えて着目したのが、チームやチームメンバーとの協働を重視し、チームビルディングをおこなう上で発揮されるリーダーシップである。学校や地域での特別支援教育では、問題解決を教師個人が持つ力量に依存する構造があり、1人の教師に過度な負担がかかっている現状が問題としてある。しかしチーム支援では、それぞれのメンバーが個別に

力を発揮するのではなく、メンバーどうしが互いに補い、促進しあいながらリーダーシップを発揮することで、より有効な支援が期待できる。そのためリーダーには、メンバーの力を引き出し、その力を借りてミッションに取り組む土台としてのチームをつくることが求められ、チームビルディングにおいて発揮されるリーダーシップに着目することは有意義であると考えた。このようなチーム力を高めることに主眼をおいたリーダーシップとして、グリーンリーフ（2008）が提唱した、サーバントリーダーシップがある。サーバントリーダーシップとは、リーダーがチームのメンバーにサーブする（奉仕する、尽くす）ことで、フォロワーが自律的に動き、ミッションを遂行するようエンパワーすることを、リーダーの重要な役割として位置づけるものである。チームビルディングにおいて発揮されるリーダーシップを検討する上で、このサーバントリーダーシップを参考とすることにした。

以上のように、モデル研究開発室では、チームのミッションを遂行する上で発揮されるリーダーシップとチームビルディングにおいて発揮されるリーダーシップの2つをチーム支援において求められるリーダーシップとして、研修の学習効果の評価の指針として採用した。次に、これらのリーダーシップ・コンピテンシーをどのように評価してきたかについて紹介する。

(2) リーダーシップ・コンピテンシー

リーダーシップ・コンピテンシーの評価にあたって、評価尺度を作成した。尺度項目の参考にしたのが、ヒューマンコミュニティ創成マインド評価尺度改訂版（森口・日潟・小山田・齊藤・城, 2009）である。ヒューマンコミュニティ創成マインドとは、「他の大学や他の研究領域の研究者だけでなく非専門家とも協力し合いながら、地域・NPO・企業・行政と協働するために欠かすことのできない重要な資質または能力」（森口ら, 2009）と定義されている。これは、コミュニケーション、ネゴシ

エーション、プランニング、マネジメント、リーダーシップの5つの能力から構成されており、主にミッション遂行において発揮されるリーダーシップに対応している。この評価尺度26項目を、表現に若干の修正を加えた上で使用した。これに加えて、チームビルディングにおいて発揮されるリーダーシップに対応するコンピテンシーとして、関係構築（メンバーとの良好な関係を築く）、協働（チームのメンバーと協力してミッションに取り組む）、若手支援（主に若手メンバーを支え、エンパワーする）、対話（チームメンバーと率直に意見をやりとりする）に関する項目を作成、使用した（谷, 2014）。さらに、これらの項目だけではチーム支援におけるリーダーシップ・コンピテンシーを網羅しきれていない可能性があることを考え、研修受講者の自由記述からリーダーシップに関する記述を抽出し、使用することにした。具体的には、モデル研究開発室で実施している継続型研修プログラムにおいて、「あなたの学校・地域にとって最適なリーダーシップとは？」というテーマのワークショップをおこない、その際の個人の振り返りワークシートからリーダーシップに関する記述を抽出した。以上3つの項目を、筆者を含む2名で協議し、KJ法を参考に分類した。その結果、リーダーシップ・コンピテンシーとして、ミッション遂行において発揮される3つの要素と、チームビルディングにおいて発揮される4つの要素を抽出した（谷・八乙女, 2015）（表4－4）。

　まず、ミッション遂行において発揮されるリーダーシップ・コンピテンシーは、ミッションを実行可能な目標として計画を立て、実践し、検証、修正を繰り返してミッション遂行を目指す、実行機能としてのコンピテンシーである。このリーダーシップ・コンピテンシーにあたる要素が、ミッションを遂行するための計画を立て、それを実行するために必要な段取りを組む「計画立案」、計画を推進するために自ら動き、メンバーを動かす「行動・実践」、計画の推進状況を点検して問題点を明らかにし、計画の修正を図る「点検・検証」である。

表4-4　リーダーシップ・コンピテンシーの要素

	要素名	内容
ミッション遂行	計画立案	・チームの取り組むべき課題を明確化する。 ・計画を推進するための見通しを立てる。 ・計画推進に必要な情報を収集し、物事の取捨選択を行う。
	行動・実践	・計画を実現するために自ら動く。 ・メンバーを動かす。
	点検・検証	・計画の進捗状況を俯瞰的に見る。 ・計画推進の現状や問題点を検証する。 ・必要に応じて、計画の軌道修正を行う。
チームビルディング	関係構築	・メンバーを尊重し、受容する。 ・気軽に関わることのできるような雰囲気を作る。
	対話・意見交換	・メンバーに自分の意見を伝える。 ・自分とメンバーの意見をすり合わせる。 ・メンバー間の意見の食い違いを看過せず、合意を引き出す。
	活用・促進	・チームのメンバー間の関係を調整する。 ・メンバーをチームの課題解決に巻き込む。 ・メンバーに応じた支援で、個々の能力を引き出す。
	協働	・チームとしての連帯を意識する。 ・チームメンバーを頼り、仕事を任せる。 ・必要に応じて、メンバーを支援する。 ・メンバーの力を伸ばすために助力する。

　また、チームビルディングにおいて発揮されるリーダーシップ・コンピテンシーについては、チームを立ち上げたりメンバーどうしが協働したりする際に発揮される、チームメンバー間の関係性やミッションに取り組む際のやりとりにおけるコンピテンシーである。このリーダーシップ・コンピテンシーにあたる要素が、チームの立ち上げに際して、自分とメンバーとの関係を良好なものとして構築する「関係構築」、意見交換において、メンバーの意見を聞き、自分の意見を伝え、すり合わせをおこなって合意形成をする「対話・意見交換」、個々のメンバーが力を発揮できるように、メンバー間の関係や支援を調整する「活用・促進」、メンバーに仕事を任せる「協働」である。

　これら7つの要素からなるリーダーシップ・コンピテンシーアンケー

トを作成し、リーダーシップの評価に使用した。

(3) リーダーシップ・スキルとリーダーシップ・マインド

　リーダーシップ・コンピテンシーの評価を進める中で、1つの問いを持つようになった。それは、個々の教師は高いリーダーシップ・コンピテンシーを持ちながらも、それを有効に発揮できていないのではないか、それが特別支援教育におけるチーム支援を難しくしているのではないか、という問いである。そしてその背景に、チームやリーダーという意識が薄く、ミッション遂行においてチームの力を生かすことができていない状況があるのではないかと考えた。学校は、各教師は個別に担任するクラスの運営に携わり、個人作業が中心であるためか、チームを構成することの意義を感じにくい環境であると考えられる。しかし、メンバーが互いを補い合うチームによる支援を目指す上で、チームであることの意義を認識することは重要である。そのため、チームであることの意義の認識を高めることを、リーダーシップ育成のための新たな課題として捉えることにした。

　ここで必要になったのが、リーダーシップ・コンピテンシーの再検討である。ここまで検討してきたリーダーシップ・コンピテンシーは、リーダーシップのスキルや行動の側面を中心とした内容であり、リーダーシップ発揮の土台となる意識的な側面を捉えるには不十分であった。そのため、リーダーシップ・コンピテンシーの概念を整理し、新たな項目の作成を試みることにした。そこで考えられたのが、リーダーシップの発揮に関わるスキルや行動に関わる側面である「リーダーシップ・スキル」と、その土台となる意識、態度といった個人特性の側面である「リーダーシップ・マインド」である。リーダーシップ・スキルはコンピテンシー・モデル（図3－3）の「知識」「スキル」に相当する部分であり、リーダーシップ・マインドは「認知・思考様式」「動機づけ（意欲）」に相当する部分である。

リーダーシップ・スキルはチーム支援を実行する上で欠かせないが、これを発揮する基盤となるのがリーダーシップ・マインドであり、これらが共に高まることが実践力の向上へとつながると考えられた（図4－15）。このようなリーダーシップ・スキルとリーダーシップ・マインドについて、それぞれミッション遂行とチームビルディングの2側面から整理した。

　まず、リーダーシップ・スキルについては、リーダーシップ・コンピテンシーの7要素（ミッション遂行「計画立案」「行動・実践」「点検・検証」、チームビルディング「関係構築」「活用・促進」「対話・意見交換」「協働」）を引き継ぎ、リーダーシップ・スキルの要素として使用することにした。各要素について、行動、スキルに関わる項目を抽出し、リーダーシップ・スキル項目とした。

　次に、リーダーシップ・マインドについては、ミッション遂行における重要なマインドとして、チームのミッションを遂行しようとする意志を持つ「ミッション遂行の意志」が挙げられる。具体的には、チームとしてのミッションについて課題意識をもち、そのミッションをやり遂げる意義を感じ、やり遂げようという意志を持つこと、自分ないし自分のチームがそれをやり遂げることができるという自信を持つこと、そのミッションを遂行することにやり甲斐を感じていること、がこれに当たる。

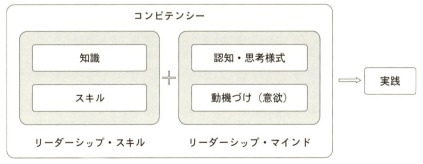

図4－15　2つのリーダーシップとコンピテンシーの要素との対応

また、そのためにはミッションを遂行する上で自分が果たすべき役割を自覚することが重要である。この「役割の自覚」には、チームにおいて自分が果たすべき役割があることを自覚すること、自分の仕事や役割を振り返ろうとすること、自分だけでなく他のメンバーの役割を認識し、仕事を任せようとすること、が含まれると考えられた。また、チームビルディングにおいて重要になるリーダーシップ・マインドについては、個人ではなくチームでミッションに取り組むことの意義を認識する「チームであることの意義」が重要である。これには、自分がチームの一員であることを自覚し、チームとしてのミッションを共に考えることが必要であるというチーム意識、チームのミッションを遂行するために、メンバーが互いに理解、合意しあうことが必要であるという協働意識、メンバーと力を貸し借りすることで、一人ではできないことをやり遂げることができるという協力意識、が含まれると考えられた。以上の「ミッション遂行の意志」「役割の自覚」「チームであることの意義」をリーダーシップ・マインドの3要素として、項目を作成した。

　これらのリーダーシップ・スキルとリーダーシップ・マインドを統合したリーダーシップ・コンピテンシーの構造を、マトリックスに示したものが表4－5である。この構造をもとに、5段階選択式（「とてもあてはまる」～「全くあてはまらない」）のリーダーシップ・スキルアンケートとリーダーシップ・マインドアンケートを作成し、育成プログラ

表4－5　ミッション遂行とチームビルディングにおける
リーダーシップ・コンピテンシーの構造

	ミッション遂行	チームビルディング
スキル	計画立案 行動・実践 点検・検証	関係構築 活用・促進 対話・意見交換 協働
マインド	ミッション遂行の意志 役割の自覚	チームであることの意義

ムの評価に用いることとした。次に、このアンケートを使用した継続型研修の評価計画について紹介する。

(4) 評価計画の実際

　この継続型研修「部長研修」は、地域の特別支援教育リーダーを育成する目的で実施されているものである。全4回の研修であり、第1回ではチーム支援におけるリーダーの在り方について考える、第2回、第3回ではチームの中でリーダーシップを発揮する体験をする、第4回では受講者が研修で学んだことを自分の実践にどう活かしたかを報告する、という構成である。この研修におけるリーダーシップ・マインドおよびリーダーシップ・スキルの評価計画は、**図4－16**の通りである。

　リーダーシップ・スキルについては、グループワークの中でリーダーとしての役割を体験し、チームの中でどのようなリーダーシップを発揮することが求められるのかを、体験と話し合いを通して考え、必要なスキルを向上させることを目指す。このため、第2回pre（事前）およびpost（事後）、第3回postの3回にわたってスキルアンケートを実施し、結果を比較することで、評価をおこなう。リーダーシップ・マインドについては、リーダーとしての多様な在り方を知り、それを体験・体感することで、チームとして1つの課題に取り組む意義についての認識を深めることを目指す。このため、全4回の研修を通してリーダーとしての

	第1回		第2回		第3回		第4回	
	pre	post	pre	post	pre	post	pre	post
研修内容	レクチャー		リーダーシップの体験				総括	
スキル			○ →	○	――	○		
マインド	○	―――					――→	○

図4－16　継続型研修におけるリーダーシップ評価計画例

マインドを高めることができたかを検証するため、マインドアンケートを第1回preおよび第4回postの2回実施し、結果を比較し、評価をおこなう。このように、研修の内容、ねらいと学習効果の評価を対応させることで、研修内容の妥当性と、その研修がリーダーシップのいずれの要素に効果を発揮するのかを検証することができる。

3．受講者アンケート

(1) 受講者アンケート作成時の検討事項

　受講者アンケートを作成する上で、まず受講者の研修に対する評価を左右する要因について考える必要があった。この要因として考えられたのが、受講者の参加意識、参加の阻害要因、研修の意味の3つである。

　受講者の参加意識は、最初は受講動機によるところが大きいと考えられる。自主的に参加する研修の場合は問題ではないが、参加が義務づけられているような研修である場合には、もともとモチベーションの高くない受講者もいる。しかし、研修が意義あるものと受け止められているのか、それとも時間の無駄だと感じながらも仕方なく受けているのか、モチベーションの持ち方によって、学習効果は大きく異なる。特に継続型研修の場合には、モチベーションの高くない受講者に、いかに次回も受けようと思ってもらうかは、第2回以降の学習効果にも関わる課題である。

　参加の阻害要因とは、何が研修への参加を妨げるのかということであるが、モデル研究開発室で実施しているワークショップ形式の研修では、様々な阻害要因がある。受講者どうしでコミュニケーションをとりながら取り組むグループワークを苦手とする人もいれば、ワークショップそのものに苦手意識をもつ人も珍しくない。これは、知識提供型研修とは違って体験型ワークショップは学びの内容が明確でないことが多く、研修の意味を感じにくいことが原因の1つと考えられる。また、研修の中

で与えられる課題や、継続型研修の場合にはホームワークに対して負担を感じる受講者も多く、注意が必要である。

　研修の意味とは、その研修が受講者に何をもたらすことを目的としたものなのかということである。知識提供型の研修であれば、研修前後での受講者の知識獲得量を測定することが有効である。しかし、知識獲得型の学びの内容が明確に示されるような研修ではない場合、1つの指標で研修の価値を測るのは困難である。そのため、その研修が受講者にどのような変化をもたらすことを目指したのかを整理し明確に示す必要がある。

(2) 受講者アンケートの内容と実施

　以上をふまえて、モデル研究開発室では、4つの観点からなる5段階選択式（「とてもあてはまる」～「全くあてはまらない」）の受講者アンケート（表4－6）を作成した。4つの観点とは、研修への主体的な参加の態度と受講中の態度をたずねる「参加意識」、グループワークにおける他の受講者との関わりについてたずねる「交流」、研修を通じて得られた学びについてたずねる「発見」、研修のわかりやすさや満足度について総合的にたずねる「全体評価」である。「発見」については、学習効果の評価の指標としたリーダーシップ・コンピテンシーの向上とは区別し、日頃の振り返りの機会、学び、気づき、新たな視点が得られたかどうかを評価するものである。

　受講者アンケートは、単独型研修の場合は研修終了後に、継続型研修の場合には毎回研修終了後に実施する。これは基本的には絶対評価であり、継続型研修の場合も各回の比較を目的とするものではないが、それぞれの評価を比較することで、何が研修の改善に効果的だったのかを検証する手がかりを得ることができる。「全体評価」のねらいの明確さ、説明のわかりやすさ、リラックスできる場の設定、また「交流」の受講

表4-6　受講者アンケート内容

[参加意識] 研修に参加するにあたって
　1．ホームワークに主体的に取り組めた。
　2．参考資料を読んで参加した。
　3．課題意識を持って参加できた。
　4．真剣に学ぼうと努力した。
　5．課題に進んで参加できた。

[交流] 他の参加者との関わりについて
　1．他の参加者と積極的にかかわることができた。
　2．他の参加者とコミュニケーションがとれた。
　3．他の参加者との作業を楽しむことができた。
　4．経験の異なる参加者と共感しあうことができた。

[発見] 研修を通じて
　1．「ああ、そうだったのか」という体験ができた。
　2．自分を振り返ることができた。
　3．何かを学んだという実感を持った。
　4．今までとは違う考え方ができるようになった。
　5．新たな課題を発見するきっかけができた。

[全体評価] 研修全体について
　1．研修のねらいがはっきりとわかった。
　2．講師の説明はわかりやすかった。
　3．講師と参加者とで、協働して研修に取り組むことができた。
　4．リラックスした気持ちで参加できた。
　5．満足感・充実感を味わった。

者どうしでやりとりができる環境が整っていたかといった点は、研修者側の研修デザインで工夫可能であり、高い評価を得ることが求められる。継続型研修では、「参加意識」の研修に対する積極的な態度の増加は受講者の興味を喚起できたと捉えることができる。また、この受講者アンケートとあわせて、自由記述によって参加動機、何が関心を引いたのか、ねらいの理解等、研修についての感想や評価を求めることで、より詳細な評価と効果的な改善が期待できるだろう。

4．受講者にとっての形成評価の意味

　育成プログラムの形成評価は、プログラムとしてのふさわしさの評価と、研修の改善の2点を主な目的とする。特に研修の改善という点に注目すると、必ずしも高い評価を得ることが目的ではなく、改善の手がかりを得ることが重要である。例えば受講者アンケートでは、評価の低い点に着目して改善を図り、評価の向上から何が改善につながったのかを考えることが形成評価の意味である。しかし、このような評価に対して、協力的でなかったり、不満を示したりする受講者が少なからずいるというのが実際である。これは、受講者にとって、形成評価は意味あるものではなく、研修者側のツールでしかないためである。

　形成評価の結果は受講者にフィードバックされることはなく、受講者にとって形成評価は研修内容とは関係のないものである。受講者にとって形成評価がどのような意味をもつのかは配慮されることは少ないが、研修者はあくまで受講者に評価への協力をお願いするという立場にすぎず、形成評価が受講者に負担を与えるだけのものになってはならない。形成評価は研修を改善し効果を確認するためのものだが、受講者の評価への協力を欠いては研修を改善、完成することはできない。研修者は、受講者の協力を得るために形成評価はどうあるべきかを考える必要があると考える。

　形成評価を受講者にとっても意味あるものにするための方法の1つが、結果のフィードバックである。研修を受けたことによってリーダーシップ・スキルおよびマインドをどの程度向上させることができたか等、研修にどのような効果があったのかは、受講者にとって最も関心のあるところである。どのような効果があったのかを客観的なデータとして示すことは、研修のねらいを明確にし、受講者の自覚的に研修に取り組む態度を促進すると期待できる。また、形成評価によって自分の研修前のリーダーシップの特徴を確認することで、どのような研修、トレーニングが

必要であるのかを決定する手がかりにすることができるだろう。個人へのフィードバックは難しくとも、全体へのフィードバックとして研修のねらいとそれに対応した形成評価の意味を明確に伝えることで、受講者の理解を深めることができると考えられる。このような研修結果のフィードバックと振り返りの中で、リーダーとして育成が求められる要素を明確化することで、より効果的なプログラム開発につながっていくだろう。研修者には、研修のねらいとともに、その形成評価の意味を明確に伝える努力が求められるといえるだろう。

（谷 芳恵）

❖引用・参考文献

グリーンリーフ, R. K.（2008）. サーバントリーダーシップ. 金井壽宏（監訳）金井真弓（訳）. 英治出版.（Greenleaf, R. K.（2002）. Servant leadership: A journey into the nature of legitimate power and greatness. Paulist Press TM.）

金井壽宏・池田守男（2007）. サーバントリーダーシップ入門. かんき出版.

小西竜太（2014）. 組織内リーダーシップと省察的実践. 日本プライマリ・ケア連合学会誌, 37, pp.54-57.

森口竜平・日潟淳子・小山田祐太・齊藤誠一・城 仁士（2009）. ヒューマンコミュニティ創成マインド評価尺度改訂版の開発. 神戸大学大学院人間発達環境学研究科研究紀要, 3, pp.87-91.

谷芳恵（2014）. 特別支援教育コーディネーターに求められる資質に関する検討－チーム支援におけるメンバーとの関わりに着目して－. 日本教育心理学会第56回総会発表論文集, p.304.

谷芳恵・八乙女利恵（2015）. 特別支援教育の地域リーダー像を考える―リーダーシップの要素の収集・分類―. 日本教育心理学会第57回総会発表論文集, p.413.

おわりに

　モデル研究開発室の室長は、まるでベンチャー起業のCEOのような経験であった。兵庫教育大学に赴任して、これまでは認知の発達神経心理学とか、発達障害の理解とか、通常の学級での授業づくり方法論についてゼミ生と一緒に研究してきたが、モデル研究開発室の3年間の日々はこれまでになく、わくわく感の連続であったように思う。イノベーションやリーダーシップについての勉強を本格的にするのは初めてのことであったが、興味が尽きることはなかった。

　医学や工学の領域では、近未来に実現するであろう研究開発に取り組んでいるわけだが、学校教育について考えてみると、現状の実態をどううまくやっていくかに終始している感がないわけではない。私自身は、特別支援教育には秘められた可能性があると確信しているのだが、現実には、学校現場の教師たちは通常の学級で日々起こるトラブルへの対応に追われ、彼らが我々に求めているのもすぐに役立つ支援スキルであったりする。このような実態をふまえて、特別支援教育コーディネーターコース（2016〈平成28〉年度からは、発達障害支援実践コース）では、学校現場での経験のなかで課題解決を考えてもらうカリキュラムとなっている。

　モデル研究開発室では、あえて、未来の特別支援教育を創っていくことを心がけてきた。インクルーシブ教育が広まってきたなと実感されるのは、おそらく20年くらい先のことだろう。その時の学校教育を見据えて、リーダーを育てていくことが肝要である。もし、トップリーダーを育てるために一番何が必要かと問われたら、「本物」に触れること、経験することと、迷わず答えると思う。これは、教育の範疇にこだわらない方が良い。モデル研究開発室では、劇作家の平田オリザ氏や子どもの創造力を伸ばすワークショップを展開している石戸奈々子氏などをお招

きして、対話の場を作ってきた。もっともっと多くの学生や現職教師に聞いてもらえれば良かったと思うところがある。

　リーダーに育っていく中堅教師には、もっとわくわくしながら大学院で学んで欲しいとも思う。皆さん、タイトな時間割をこなすだけで四苦八苦状態で、「遊戯三昧」にはほど遠い感もあるのは、気のせいか。もちろん、学びの厳しさはあってもいい。外国の社会人向けの大学院は凄いと言われるが、真剣さのなかにも遊び心があるような気がする。遊びの余裕、ゆとりが失われていくのはもったいない。

　発達障害のある子どもへの支援が充実してきたと多くの人が手応えを感じ、インクルーシブ教育の波音が聞こえてきたこの時に、本書が刊行されることになった。これからも特別支援教育が、大きく動いていく予感がしている。特別支援教育が未来の教育の礎になっていくことを期待するとともに、この領域におけるリーダーシップの必要性を訴求する本書が、このための一里塚となれば望外の喜びである。

　本書は、国立大学法人運営費交付金特別経費「小・中学校における特別支援教育スーパーバイザー（仮称）育成プログラムの開発」（平成25〜27年度）によって設置された兵庫教育大学特別支援教育モデル研究開発室の活動成果を反映したものです。運営の一部は、文部科学省委託「発達障害に関する教職員育成プログラム開発事業（実施担当者：宇野宏幸）」（平成25〜27年度）および国立大学法人兵庫教育大学学長裁量経費を受けて実施されました。また、モデル研究開発室の研究開発活動が円滑に実施されるにあたって、スタッフの様々なサポートがありました。記して謝意を表します。

　2016年9月

著者を代表して
宇野　宏幸

編者紹介

宇野 宏幸（うの ひろゆき）
　兵庫教育大学大学院学校教育研究科 教授。特別支援教育モデル研究開発室長。専門は発達障害の認知神経心理学、通常学級における授業方法論、特別支援教育におけるリーダーシップ論。主な著書に『発達障害研究から考える通常学級の授業づくり』（共著、金子書房、2010年）、『問題解決！先生の気づきを引き出すコミュニケーション』（共著、ジアース教育新社、2016年）など。

執筆者一覧

編者
宇野 宏幸	兵庫教育大学 教授	はじめに、第2章 第3節2、第3章、第4章 はじめに、おわりに

著者
石橋 由紀子	兵庫教育大学 准教授	第1章 はじめに・第2節、第2章 第1節3・第2節1、第4章 第1節2
岡村 章司	兵庫教育大学 准教授	第2章 はじめに・第1節1・第2節1・本章のまとめ、第4章 第1節1・3
尾之上 高哉	宮崎大学 講師	第2章 第1節2、第4章 第1節2
小林 祐子	小野市発達支援室 発達支援コーディネーター	第2章 第2節1・2
新谷 喜之	秩父市教育委員会 教育長	第1章 第1節
谷 芳恵	神戸大学 大学院研究員	第2章 第1節4、第4章 第1節3・第2節
樋口 一宗	兵庫教育大学 教授	第1章 第3節、第4章 第1節4
八乙女 利恵	兵庫県立上野ケ原特別支援学校 教諭	第2章 第3節1

国立大学法人兵庫教育大学教育実践学叢書3
特別支援教育における
地域のトップリーダーを考える
人材像をふまえた育成プログラム開発に向けて

平成28年10月21日　初版第1刷発行

- ■編　者　宇野　宏幸
- ■著　者　兵庫教育大学特別支援教育モデル研究開発室
- ■発行者　加藤　勝博
- ■発行所　株式会社 ジアース教育新社

〒101-0054　東京都千代田区神田錦町1-23 宗保第2ビル
TEL 03-5282-7183　　FAX 03-5282-7892
E-mail：info@kyoikushinsha.co.jp
URL：http://www.kyoikushinsha.co.jp
Ⓒ H. Uno, Hyogo University of Teacher Education, 2016

DTP・印刷・製本　　株式会社 創新社
表紙カバーデザイン　　土屋図形 株式会社

○定価はカバーに表示してあります。
○乱丁・落丁はお取り替えいたします。(禁無断転載)
Printed in Japan
ISBN978-4-86371-379-6